Les cousins Karlsson

squelettes et démons

le vieux phare
la grotte

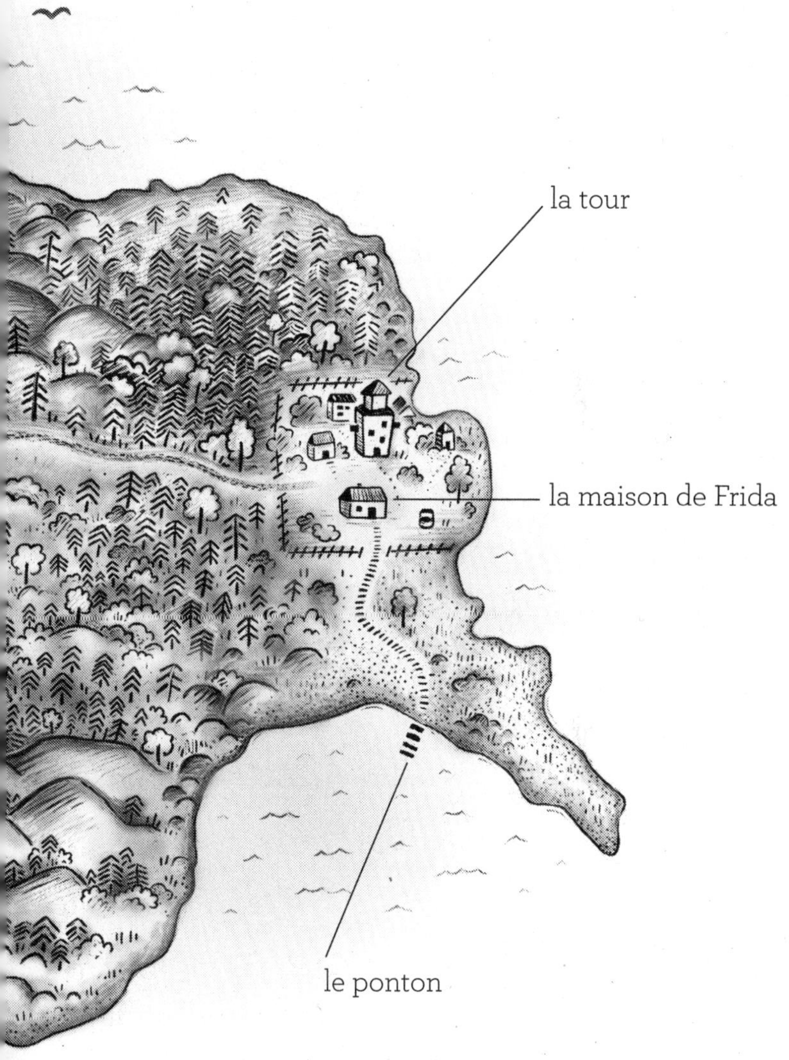
la tour
la maison de Frida
le ponton

Titre original *Kusinerna Karlsson, Dödskallar och Demoner*

Publié pour la première fois par Alfabeta Bokförlag AB

Pour la présente édition

ISBN : 979-10-352-0387-0

Éditrice Charline Vanderpoorte
Assistante d'édition Juliette Gaillard
Illustration de couverture Julia Wauters
Conception graphique Florie Briand

Loi n° 49-956 du 16 juillet 1949
sur les publications destinées à la jeunesse

Cet ouvrage a été achevé d'imprimer au pied du sapin
pour le compte des éditions Thierry Magnier
par l'imprimerie Normandie Roto Impression s.a.s.
61250 Lonrai en septembre 2020
Dépôt légal : octobre 2020
Imprimé en France
Numéro d'imprimeur : 2003149

Katarina Mazetti

Les cousins Karlsson

squelettes & démons

Traduit du suédois par
Marina et Françoise Heide

EDITIONS
THIERRY
MAGNIER

Arbre généalogique des cousins Karlsson

Grand-père et Grand-mère Karlsson
ont eu quatre filles :

Ulla

chercheuse, mariée à Allan,
mère de ***Julia*** et ***Daniella***, surnommée Bourdon.

Molly

actrice, mère de ***George***.
Thomas, le père de George, et Regine,
sa demi-sœur, vivent en Allemagne.

Ellen

chef cuisinière, mère d'***Alex***, vit en couple
avec Claude Bouclé. La famille vit en France.

Frida

artiste, journaliste, trapéziste, modiste,
chercheuse en histoire, directrice de zoo, parachutiste.
Habite à l'île aux Grèbes.

Chapitre 1

La ronde sous la pleine lune

– Alors là, vous exagérez ! s'écrie Julia en tapant du poing sur la table de la cuisine. Vous préférez aller voir des gens qui font la ronde dans l'Himalaya, plutôt que de danser autour du sapin avec vos filles ! Et comment on va fêter Noël, nous ? On va rester ici toutes seules ? Je vais être obligée de me déguiser en père Noël, et Bourdon fera semblant de ne pas me reconnaître ?

Sa petite sœur, surnommée Bourdon, brandit à son tour son petit poing grassouillet, et l'abat sur la table si fort que les tasses à thé sursautent.

– Et pour mangeeeer, hein ? Qui va préparer le repas de Noël ? Les côtes de porc, et puis le jambon, et puis les boulettes de viande et les saucisses grillées…

Elle se tait tout à coup. Elle vient de se rappeler qu'elle est devenue végétarienne.

– Enfin, comment on va faire pour les biscuits au gingembre et les brioches au safran et… la bouillie de Noël. EN TOUT CAS, c'est pas Julia qui fera la cuisine, elle ne sait même pas faire du thé sans le brûler !

Leur mère pousse un profond soupir.

– C'est bien la première fois que je vous entends réclamer de la bouillie ! D'habitude, quand je vous en sers, vous faites les dégoûtées.

Elle tend un bout de salami à Bourdon, qui le secoue sous le museau de Chatpardeur, jusqu'à ce qu'il se couche à ses pieds pour le grignoter avec satisfaction.

– Je vous explique ! recommence Ulla. Votre père et moi devons participer à ce voyage d'études. Il reste très peu de monde dans la tribu en question, donc ça ne peut pas attendre. Bien sûr, c'est dommage qu'ils aient organisé ça juste au moment de Noël, mais on a des tas de surprises pour vous qui devraient vous plaire.

– Quoi, quoi, quoi ? lance Bourdon, soudain curieuse.

– Eh bien, d'abord, vous passerez Noël à l'île aux Grèbes avec vos cousins ! répond maman. Et ça, d'ordinaire, ça vous plaît !

– Hein ? s'exclame Julia. Mais George et Alex...

– Ils y seront, mais oui ! L'école leur a accordé un petit bout de vacances en plus. Ils sont très impatients d'aller sur l'île, surtout que la mère de George doit partir en tournée pour jouer une pièce pendant les fêtes. Vous avez déjà passé une semaine là-bas en hiver, vous vous souvenez ? La fois où vous avez cru qu'il y avait des pirates...

– Ouais ouais, on était tout petits, à l'époque, murmure Bourdon. Maintenant on est presque adultes, j'ai bientôt onze ans, je te rappelle ! Évidemment qu'on est capables de passer une semaine sur l'île, pas vrai, Julia ? Mais Frida...

– Frida n'y sera pas, intervient leur père. Elle a autre chose de prévu. En Islande, je crois. Elle fait des cachotteries, et avec elle, ce n'est jamais une bonne idée d'insister. C'est pour ça qu'on a longtemps hésité, on se demandait si on pouvait vraiment vous laisser seuls là-bas en plein hiver. Mais comme Bourdon vient de le dire, vous êtes presque adultes, donc bon... Il va juste falloir nous promettre de ne pas faire trop de bêtises, dans le genre vous mettre à fumer, vous fiancer, ou...

Bourdon le regarde d'un air soupçonneux. Elle a repéré un sourire en coin. Visiblement, il ne les trouve pas si adultes que ça... Elle va lui montrer, tiens !

– Ça se passera bien si vous me laissez passer le permis, que je puisse aller faire les courses et tout ! déclare-t-elle d'une voix traînante. Pour toute une semaine à quatre, il va en falloir, des provisions...

Le père sursaute :

– Le permis ? Enfin, tu n'as que dix ans... Tu n'as pas le droit... C'est inter...

Bourdon s'esclaffe. Son père comprend qu'elle se moquait de lui et lui adresse une grimace.

– Pardon, mais... interrompt Julia, les sourcils froncés. Pas de problème pour les repas, on se débrouillera comme chaque fois qu'Alex est là. Et, même sans Frida, Taximaxi et d'autres gens pourront nous rapporter d'Östhamn ce qu'il nous faut. C'est autre chose qui m'inquiète : et Noël dans tout ça ? Pendant que vous serez dans l'Himalaya à vous amuser au clair de lune, nous, on sera privés de fête ? Et aussi de cadeaux ?

Sa mère sourit.

– Tu penses bien qu'on a tout prévu ! dit-elle. C'est quand même le plus important ! On enverra un chargement de paquets sur l'île très à l'avance. Du moins si vous promettez de ne pas les ouvrir avant le soir de Noël !

– Je veux bien promettre tout ce que vous voulez pour des petits cadeaux ! répond Bourdon sans hésiter. Mais ça va être compliqué à faire transporter, vous savez. Parce que moi, je voudrais un cheval. Marron et blanc, je crois.

– Un cheval ? réagit son père en la fixant avec des yeux comme des soucoupes. Un vrai ?

– Ben oui, qu'est-ce que tu crois ? enchaîne Bourdon. Tu ne me vois quand même pas sur un cheval à bascule ? Figure-toi que je suis vraiment trop grande pour ça. Il m'en faut un vrai de vrai, sinon, votre danse à l'autre bout du monde, vous pouvez l'oublier ! Je pourrais me contenter d'un poney, en fait. Un marron et...

– Tu vois bien qu'elle te fait marcher, Allan ! dit la mère à son mari sur un ton sévère.

Aussitôt, il rit en faisant semblant d'avoir compris depuis le début. Mais ce rire nerveux fait plutôt penser à un hennissement.

– Vous les emballerez bien ? Les cadeaux, je veux dire, s'inquiète Julia. Le disque dur pourrait s'abîmer... Enfin...

– On sait que tu rêves d'un ordinateur, Julia, répond sa mère posément. Une partie des cadeaux attendra votre retour, prépare-toi à cette idée. Ceux qui n'ont pas leur place sur l'île aux Grèbes. Les chevaux et les ordinateurs, par exemple. Mais je crois que vous serez contentes quand même.

– Des nouveaux patins à glace, c'est le genre de truc qui aurait sa place là-bas ? demande Bourdon. Parce que vous savez, les miens sont tellement petits que je suis obligée de plier les orteils en deux pour entrer dedans. Pas très pratique pour les pirouettes ! Et puis, imaginez un peu que je me casse les doigts de pied quand on sera tout seuls là-bas, dans le noir et au milieu de la mer ! Mouais... Décidément, il vaudrait mieux que vous restiez à la maison...

Cette fois, tout le monde voit qu'elle plaisante. On dirait bien que la décision est prise – Noël se fera sur l'île aux Grèbes avec les cousins !

– Une fête loin du stress de la ville, ce sera délicieux et très amusant, affirme maman, rassurante.

Elle se trompe lourdement, mais comment pourrait-elle s'en douter ?

Chapitre 2

Un fantôme sur le balcon

C'est un dimanche nuageux et gris du mois de décembre. George vient de se lever. Assis en pyjama à la table de la cuisine, devant sa tasse de thé, il regarde les flocons duveteux qui tombent doucement du ciel, derrière la fenêtre du septième étage.

Il mord dans sa tartine de fromage, avale une gorgée. Il a devant lui une journée tranquille, une chouette journée, avec un livre plein de suspense qui l'attend. George bâille.

Soudain, quelque chose de bizarre se produit sur le balcon de la cuisine... Une lueur verte s'est allumée, d'abord très faible, puis de plus en plus intense. Qu'est-ce que c'est que ça ?

Il sursaute, la tasse lui tombe des mains. Au milieu de ce reflet vert vient d'apparaître un grand visage blême.

George est glacé de terreur. On dirait la figure de quelqu'un qui serait mort depuis longtemps, se dit-il. Toute fripée, les yeux fixes, des mèches de cheveux mouillées collées sur le front. Sa bouche s'ouvre sur des dents jaunes et pointues. L'apparition roule des yeux et le fixe d'un air menaçant.

George se lève et court dans l'appartement à la recherche de sa mère.

Mais où est-elle passée ? Il l'appelle, personne ne répond. Le silence règne partout. Prudemment, il regarde dans la cuisine, puis risque un œil vers le balcon.

Rien ! La lumière verte et l'affreux visage ont disparu. Et voilà sa mère qui sort de la salle de bains, toute souriante.

– Qu'est-ce qu'il y a, George ? Tu fais une de ces têtes ! Comme si tu avais vu un fantôme !

Le garçon réfléchit. Faut-il lui raconter ou pas ? Non. Elle croirait qu'il s'est rendormi et qu'il a fait un cauchemar. D'ailleurs, qui irait grimper sur la façade de l'immeuble jusqu'au balcon du septième étage, uniquement pour lui faire peur ?

Il hausse les épaules.

– Je suis juste un peu fatigué, répond-il. Je crois que je vais me recoucher un petit moment.

Il retourne dans sa chambre et ferme la porte. Puis il s'allonge sur son lit et repense à ce qui vient de se passer. C'est évident : tout ça, il l'a imaginé. Il devait être mal réveillé. George prend son livre et commence à lire.

Soudain, quelqu'un frappe énergiquement.

– Oui, maman ? lance-t-il.

Mais elle n'entre pas, et frappe à nouveau aussi fort.

Agacé, George se relève et ouvre la porte d'un coup, prêt à lui dire de le laisser lire tranquille.

Sur le seuil de sa chambre se tient un grand singe poilu qui dodeline de la tête en le voyant.

Effrayé, George referme brutalement.

L'oreille plaquée contre le bois, il écoute... Mais il n'entend plus rien.

Prudemment, il entrebâille la porte et regarde. La voie est libre, pas de singe en vue. Au bout d'un moment, prenant son courage à deux mains, le garçon se glisse hors de sa chambre.

De nouveau, il appelle sa mère. Pas de réponse.

Ça commence sérieusement à l'énerver.

– Arrête tes bêtises, maman ! crie-t-il. Qu'est-ce que tu fabriques ?

Aucune réponse. Juste un hululement qui se met à enfler dans son dos, d'abord timide, puis de plus en plus sinistre. Il se retourne... La lueur verte du balcon est réapparue ! Cette fois, elle vient de la penderie, près de la porte d'entrée. Le manteau de sa mère est accroché à un cintre. De son encolure émerge un crâne, une tête de mort, tout sourire, avec de grands trous noirs à la place des yeux ! Et de la manche, une main de squelette ! Un doigt d'os accusateur se dresse et pointe droit vers lui.

Cette fois, George panique. Il pousse un grand cri et s'enfuit dans le séjour. Entendant derrière lui le craquement des pas du squelette sur le sol, il cherche comment fermer à clé, mais cette porte n'a ni serrure ni verrou, alors il plonge son visage dans ses mains...

– C'est impossible, chuchote-t-il pour se convaincre lui-même. Je rêve ! Je dors encore, c'est sûr ! Tout ça, ce n'est qu'un cauchemar !

– George ? Où es-tu ?

C'est la voix de sa mère. Une voix si normale qu'il s'empresse de répondre :

– Je suis là, maman ! Dans le salon !

La porte s'ouvre et sa mère entre. Elle a l'air très contente, son visage rayonne.

– Ça a marché ! s'exclame-t-elle. Ce sera la meilleure tournée qu'on ait jamais faite !

Et elle éclate de rire.

– Qu... quoi ? balbutie George. C'est toi qui... ?

Aussitôt, la fureur s'empare de lui.

– Toutes ces apparitions effrayantes, c'était toi ?

– Mais oui ! répond-elle sans hésiter.

Il faut dire que la mère de George est comédienne.

– Je voulais tester quelques petits trucs avant la tournée de Noël. On doit jouer un spectacle d'horreur ! Je voulais voir si ça marcherait sur toi !

– Tester ? s'écrie George en colère. Mais tu m'as fichu une trouille d'enfer ! J'aurais pu tomber dans les pommes ! Ou faire une attaque !

Elle lui caresse la joue.

– Ça, je n'y crois pas du tout, mon bonhomme. Tu es bien trop solide pour ça. Alors, qu'est-ce que tu penses de mes petits effets spéciaux ? Lequel était le meilleur ?

George se calme et s'efforce de retrouver son souffle. Finalement, il n'a pas très envie de montrer à quel point il a eu peur.

– Le fantôme du balcon, je crois. Parce que je ne m'y attendais pas ! Comment tu as fait pour y aller sans que je m'en aperçoive ? Et cette lumière verte, là, ça sortait d'où ?

Sa mère allume une lampe de poche, une lampe minuscule, mais qui produit un jet de lumière vert et tremblotant. Elle la place sous son menton, et aussitôt, tout son visage devient vert, avec de grandes orbites sombres. George ferme les yeux.

– Arrête ! crie-t-il. Tu ne pourrais pas être une maman comme les autres ? Une qui fait des gâteaux et qui gronde ses enfants quand ils rentrent avec des chaussures sales ? Avec toi, on ne sait jamais à quoi s'attendre !

– Mais mon chéri, tu sais bien que je suis actriiiice ! lui répond sa mère en prenant un ton snob. Il faut bien que je fasse du théâââtre de temps en temps, même à la maison ! Et puis, c'était réussi, pas vrai ? Quand tu es arrivé dans la cuisine pour prendre ton petit-déjeuner, je me gelais accroupie sur le balcon depuis un moment. Et tu as vu un peu à quelle vitesse j'ai changé de costume, hein ? Quinze secondes pour passer du gorille au squelette !

– C'est bon, la représentation est finie pour aujourd'hui ? demande George, fatigué. Je peux manger tranquille, maintenant ?

Oui, lui répond l'actrice d'un signe de tête.

– Assieds-toi ! dit-elle. Il y a une chose dont il faut que je te parle. Tu as sans doute compris que cette année, Noël serait un peu différent. La troupe part jouer les *Contes de Noël* de Charles Dickens dans toute la Suède. On a rajouté des petites choses, tu sais. Il n'y avait pas de gorille dans la version originale, par exemple. C'était mon idée ! Quoi qu'il en soit, le 24 décembre au soir, on sera à Luleå, dans le Grand Nord !

– Et moi, pendant ce temps, je vais fêter Noël tout seul dans la cuisine, c'est ça ? rétorque George, fâché.

– Bien sûr que non ! lui répond sa mère. Attends un peu, tu vas être content : c'est l'occasion de passer toute la semaine de Noël sur l'île aux Grèbes avec tes cousins !

George ne dit rien. Il réfléchit.

– Vous êtes déjà restés seuls sur l'île en plein hiver, il y a quelques années, lui rappelle sa mère, d'un ton légèrement inquiet. Tu n'as quand même pas peur du froid et du noir, si ? Parce que dans ce cas, je t'emmène en tournée. Tu n'auras qu'à jouer le gorille !

– Si j'ai peur ? marmonne George. Ça risque pas d'être beaucoup plus terrifiant qu'à la maison, les jours où tu t'amuses à tester tes trucs ! Et puis, qui a envie de passer Noël déguisé en gorille, hein ? Bien sûr que j'irai sur l'île aux Grèbes ! On va s'éclater !

– Pendant que moi, je jouerai au fantôme ! s'exclame sa mère, ravie. Avec ma petite lumière verte et tout et tout ! Écoute, j'ai commencé à m'entraîner à hululer comme un spectre...

Et la mère de George pousse un sinistre braillement. Son fils, les deux mains levées, l'arrête aussitôt :

– Merci, merci beaucoup ! dit-il. J'ai parfaitement compris ! Un vieux père Noël habillé en rouge, avec une longue barbe et une hotte sur le dos, à côté, c'est nul ! Amusez-vous bien, ça va être génial, votre tournée.

Chapitre 3
Sapristi, quel Noël !

Le train pour Storvalla était bondé, mais c'est encore pire dans le car pour Östhamn, la petite ville où les cousins doivent se retrouver avant d'embarquer pour l'île aux Grèbes. Une foule de gens, les bras chargés de sacs et de paquets, se bousculent dans l'espoir de monter les premiers.

Il n'y a plus de places assises. George attrape le compartiment à bagages et s'y agrippe de toutes ses forces, en tenant son sac à dos dans l'autre main. À chaque virage, le car penche si fort que le garçon risque de lâcher prise et de s'affaler entre les banquettes.

Quelque chose de dur et pointu lui appuie dans le pli du genou. Il se retourne, mécontent.

Mais au même instant, le bus freine brusquement et George fait un plongeon. Autour de lui, d'autres passagers ont eux aussi failli dégringoler de leurs sièges. Les uns crient, les autres restent bouche bée.

– Bon sang, chauffeur, qu'est-ce que vous fabriquez ? vocifère un homme qui s'est retrouvé sur le dos et se débat à côté de George. Je vais me plaindre à la compagnie de bus ! Et à la police !

Une voix familière retentit soudain, un petit peu plus loin, près d'une fenêtre.

– C'est un chien qui a traversé la route ! lance-t-elle d'un ton agacé. Il valait mieux l'écraser, peut-être ? Ou vous croyez que les chiens connaissent le Code de la route ?

George glousse. Cette voix, c'est celle de Bourdon. Il se redresse et découvre juste devant lui une paire d'yeux jaunes et ronds comme des billes. Chatpardeur ! Ce truc dur qui lui cognait le genou, ce devait être sa cage !

– Miiiiiaaaaouuu ! fait le chat, et George a la nette impression qu'il lui sourit.

– Salut, toi, lui répond-il en passant l'index à travers le grillage pour le gratter derrière les oreilles.

Chatpardeur se met à ronronner comme un petit moteur, et le visage de Bourdon apparaît au-dessus de la cage.

– Mille sabords ! George ? s'écrie-t-elle, ravie. Qu'est-ce que tu fais par terre ? C'est plus confortable que les sièges ?

George se relève à grand-peine, puis s'incruste sur la banquette à côté d'elle. Julia, qui est installée près de la fenêtre, tend la main pour lui tapoter la tête.

– Salut, George ! dit-elle. On se croirait presque en été quand tu es là !

– Crotte de bique, ça oui ! piaille sa sœur.

Julia lui attrape le bras et la secoue, sous le regard éberlué de son cousin.

– Tu t'es mise aux gros mots, Bourdon ? lui demande-t-il.

– Pas vraiment. C'est plutôt de la recherche linguistique... Je t'expliquerai plus tard. Regardez :

on est arrivés à Östhamn ! Vous croyez qu'Alex est déjà là ?

Tous les trois rassemblent leurs sacs, s'emparent de la cage du chat et déboulent du car surpeuplé sur le quai de la gare routière. Il commence juste à neiger.

– Dépêchez-vous, il faut appeler Taximaxi pour qu'il nous emmène ! lance Julia.

Il s'agit d'un retraité d'Östhamn qui fait le taxi-bateau quand il est d'humeur. C'est lui qui se charge d'ordinaire de transporter les cousins entre le port et l'île aux Grèbes, dans son grand rafiot en acajou.

Mais dans la salle d'attente, Bourdon repère un dos qu'elle pense reconnaître. Elle contourne le garçon pour le regarder de face. Mais oui, c'est bien lui !

– Alex ! s'écrie-t-elle avec joie, avant de lui sauter au cou et de le serrer à l'étouffer. C'est vraiment toi ? Tu as tellement grandi depuis la fin des vacances ! On dirait un adulte, ou presque !

– Julia aussi a poussé comme un champignon, remarque George avec un sourire dans sa direction. Cet été, on faisait la même taille, mais maintenant, je crois que tu m'as dépassé. Attends seulement que je te rattrape !

– C'est vrai, c'est affreux, soupire Bourdon. On devrait lui accrocher une corde tout en haut, elle pourrait servir à hisser le drapeau... Eh, j'ai rien dit ! Pourquoi tu me tapes, Julia ?

Une fois les embrassades terminées, Julia appelle Taximaxi, qui promet d'arriver tout de suite. Puisque le port n'est pas encore complètement gelé, il les attendra sur son bateau. La joyeuse troupe réunit les bagages et la cage du chat, puis descend vers le petit embarcadère en bavardant.

Comme prévu, le superbe vieux bateau de Taximaxi est amarré à la jetée, moteur allumé, et les accueille en pétaradant. Son propriétaire est assis à la barre, sa casquette de capitaine sur la tête. Contrairement à d'habitude, il a glissé par-dessous une paire de gros protège-oreilles.

– Salut les marmots ! s'exclame-t-il. Ah, mais qu'est-ce que vous avez grandi, je ne peux plus vous appeler comme ça ! Messieurs dames, mon cher monsieur Chatpardeur, bienvenue à bord ! Je crois que je vais devoir augmenter le tarif, les tickets enfants, ce n'est plus trop fait pour vous.

Julia lui répond par un sourire : elle sait aussi bien que lui qu'il ne les a jamais fait payer, mais qu'il les transporte uniquement pour le plaisir.

Le moteur ronfle et le bateau fonce vers l'île aux Grèbes.

– C'est la troisième fois que je fais la traversée cette semaine, leur dit Maxi très fort, par-dessus le bruit. Votre tante a trimballé des sacs pleins de cadeaux et des caisses de provisions avant de partir pour l'Islande ! Vous ne manquerez de rien !

– Intéressant ! répond gaiement Alex. Et moi, pour une fois, j'ai envoyé à l'avance une liste de courses, pour qu'on puisse se préparer un vrai repas de Noël à la française !

Bourdon ouvre de grands yeux.

– Ça veut dire qu'on mangera quoi ? demande-t-elle avec gourmandise.

– Eh bien tu vois, Bourdon, en France les gens sont beaucoup plus croyants qu'en Suède, commence-t-il. Alors, pour fêter Noël dans les règles, on jeûne ! Interdiction de se régaler ! Juste de la soupe au lait, du pain et de l'eau ! C'est ce qu'il faut pour être dans l'ambiance.

Bourdon a l'air au bord des larmes.

– Quoi... De la soupe au lait ? À Noël ?

Mais Julia pouffe :

– Il se fiche de toi, espèce de goinfre ! dit-elle à sa sœur. Les jours où on jeûne, c'est avant Pâques, pas à Noël !

– Exact, confirme Alex en riant, et je t'assure que tu aimeras nos plats de fête, Bourdon. À Noël, chez nous les Français, c'est le grand luxe ! Par exemple, on a treize desserts pour honorer le petit Jésus et les douze apôtres !

– Treize desserts... rêve Bourdon en poussant un soupir de soulagement.

– Et l'autre goinfre de l'île ? s'interroge George.

Il pense à Gervir, le petit cheval islandais, dont le nom signifie justement « goinfre ». Tous les étés, il se promène là-bas en liberté, avec une pouliche nommée Ganti. Ce qui veut dire « voyou ».

– Vous allez être déçus, messieurs dames, intervient Taximaxi. Mais votre tante a mis les chevaux en pension chez un paysan des environs d'Östhamn. Il s'occupera d'eux pendant l'hiver, tant qu'ils ne pourront pas pâturer en liberté dehors. Transporter du fourrage là-bas pour toute une semaine, c'était trop de travail, vous comprenez.

– Oh, non ! réagit tristement Julia. L'île aux Grèbes sans Gervir, ça ne sera pas pareil. On l'a toujours vu là-bas !

– Bah, tant pis pour les chevaux ! dit Bourdon. On les reverra cet été. Mais pensez aux treize desserts ! Quel Noël on va avoir, sapristi !

Chapitre 4
Des puces et des punaises ?

Les cousins laissent tomber leurs bagages sur le ponton de l'île aux Grèbes. Ils sont lourds, bien plus lourds qu'on ne le penserait pour une petite semaine de vacances. Comme d'habitude, George a fait le plein de toiles et de tubes de peinture, Alex a emporté de mystérieux produits alimentaires et quelques livres de cuisine, Julia un vieil ordinateur cabossé qu'elle a chipé dans le bureau de son père, et Bourdon... Qu'a-t-elle bien pu mettre dans son sac à dos pour qu'il pèse autant ? En le portant, c'est tout juste si elle ne doit pas marcher pliée en deux. Alex, serviable, tente de le soulever.

– Dis donc, Bourdon, tu l'as rempli de briques ? s'étonne-t-il. Ça pèse une tonne !

– Occupe-toi de tes oignons ! rétorque-t-elle, une de ses phrases favorites. J'ai pris pas mal de livres, c'est tout !

– Et tu penses avoir le temps de lire pendant les vacances ? se moque Alex.

– N'essayez même pas de l'en empêcher ! s'exclame Julia. Elle n'a pas décroché de ses bouquins de tout le voyage, d'abord dans le train, et ensuite dans le car. Les yeux lui sortaient de la tête. Je ne l'avais jamais vue se tenir tranquille pendant aussi longtemps. Laissez-la faire, et on aura un beau Noël sans histoires !

– Qu'est-ce que tu lis donc de si passionnant, Bourdon ? demande George. Ça parle de quoi ?

– Des démons ! répond-elle avec enthousiasme. Tu savais qu'il en existait de plein de sortes différentes ? Des bons et des mauvais, certains qui peuvent te donner un coup de main, et...

Julia les interrompt :

– Regardez, il y a un écriteau sur la porte de la tour ! Qu'est-ce qui est écrit ?

George piétine déjà la neige fraîche sur le sentier qui mène à la cour.

– « Entrée interdite jusqu'au soir de Noël ! » lit-il tout haut pour les autres. C'est sûrement là que Frida a caché les cadeaux !

– Mais si on n'a pas le droit d'y aller, où est-ce qu'on va dormir ? s'interroge Julia, inquiète.

Car d'ordinaire, les cousins logent dans la haute tour d'où le pilote côtier surveillait autrefois les alentours pour repérer les bateaux en train de faire naufrage. Il y a trois étages. Tout en haut se trouve une salle entièrement vitrée, d'où l'on faisait le guet à l'époque. Alex et George s'installent d'habitude à l'étage en dessous, dans une pièce décorée par tante Frida. Elle y a couvert les murs de motifs de vagues et d'oiseaux de mer. Plus bas encore, Julia et Bourdon ont leur chambre, avec un balcon qui offre une vue sur toute l'île. Ici, Frida a peint une forêt d'arbres grandeur nature. Le rez-de-chaussée est une sorte de grande remise, où l'artiste entrepose pêle-mêle des tableaux et des sculptures de métal qui grincent. Les cousins adorent cette tour, mais ils se doutent qu'il y fait trop froid en hiver.

– Tu as oublié comment on avait fait, l'autre hiver ? dit Alex à Julia. Vous, vous avez eu le magnifique lit à baldaquin de Frida, avec tous ses oreillers, pendant que George et moi, on dormait sur des matelas dans la cuisine. Du coup, cette année, je crois que ça serait juste d'inverser. George et moi, on prend le lit à baldaquin !

– Et puis quoi encore, mille sabords ! rugit Bourdon. Si tu crois que je vais me laisser faire ! Ne cherchez pas la guerre, ou je me lèverai toutes les nuits pour vous empêcher de dormir en hurlant comme un fantôme !

– D'accord, Bourdon, répond Alex en riant. On vous laisse votre tas de coussins. De toute façon, je trouve qu'on est bien mieux à côté de la cuisinière. Et j'aime bien me lever quand tout le monde dort encore pour prendre mon petit-déjeuner...

– M'en parle pas ! gémit Bourdon. On n'a presque rien mangé, aujourd'hui. Je me sens super faible, tout à coup. Il faut qu'on trouve quelque chose à se mettre sous la dent ! Qu'est-ce qu'on pourrait préparer de rapide ?

– Je m'en occupe ! affirme Alex. Allez faire un tour en attendant, voir s'il y a du nouveau dans les environs. Je donnerai un coup de gong quand ce sera prêt !

Julia et George ont déjà entrepris d'explorer les alentours. Ils franchissent la clôture, entrent dans la prairie, qui leur paraît bien froide et fanée.

Les flocons tombent de plus en plus dru sur l'herbe ébouriffée. En arrivant derrière la maison, George siffle de surprise.

– Tu vois ce que je vois ? fait-il, tout excité, le doigt pointé.

– Tu veux dire : les traces de pas devant l'entrée de la cuisine ? répond Julia. C'est sûrement celles de Frida, non ? Elle n'est partie pour l'Islande que lundi.

– Mais tu vois bien qu'on a marché dans la neige ! reprend George. Or, de la neige, avant aujourd'hui, il n'y en avait pas.

Julia hoche la tête.

– Ces traces ne datent pas d'aujourd'hui, murmure-t-elle. Ce sont des vieilles empreintes laissées dans la boue. Elles ont gelé, et ensuite les flocons les ont juste saupoudrées. Ça pourrait dater de quelques semaines !

– Il y a quand même quelque chose qui cloche, réplique George. Pourquoi est-ce qu'il y en a autant juste devant l'entrée de la cuisine ? Et puis, elles ont l'air de correspondre à de grosses bottes d'adultes, rien à voir avec les petits pieds de Frida...

À cet instant précis, le gong résonne jusqu'à l'autre bout de l'île. Bourdon arrive en courant, surgie de l'autre côté de la maison.

– Vite ! ordonne-t-elle. Vite, n'attendez pas que je meure de faim, ou vous aurez du mal à m'enterrer dans ce sol tout dur...

– Pas de problème, on te portera jusqu'au ponton et on te jettera à la baille, rétorque Julia. Mais comme le repas est prêt, t'inquiète, tu vas survivre !

Tous les trois entrent dans la cuisine. Il y fait bon : Alex a déjà eu le temps d'allumer un grand feu dans la cuisinière à bois. Une odeur appétissante flotte dans l'air. Il leur a préparé leur plat favori, la flammekueche, mais en version rapide :

une pâte à pizza toute prête, de la crème fraîche, des lardons bien croustillants, des oignons et du fromage par-dessus. Bourdon s'assied lourdement sur une chaise et commence à se servir.

– Celui qui a fini de manger le premier fait la vaisselle ! déclare Alex, moqueur.

Bourdon le regarde sans ciller.

– Même si je commence la première, j'ai l'intention d'être la dernière à finir mon assiette. Donc, ça risque pas d'être moi !

Les quatre cousins mangent goulûment, si goulûment qu'Alex est obligé de bricoler quelques flammekueches de plus. Pendant qu'elles cuisent dans le four, ils se racontent ce qu'ils ont fait depuis la fin des grandes vacances.

– Alors, Bourdon, qu'est-ce que c'est que cette histoire de recherches linguistiques ? demande George.

La fillette promène autour d'elle un regard malicieux.

– En fait, c'est plutôt un secret, lâche-t-elle. J'ai trouvé plein de très vieux bouquins dans une brocante, et j'ai commencé une collection de mots et d'expressions un peu bizarres à ajouter dans mes phrases, comme des épices dans un plat... Des expressions de maintenant ou d'autrefois, comme « Mille sabords » que j'ai piqué dans *Tintin*, ou « Sapristi » ou... « Crotte de bique », par exemple...

– Ah oui, et pourquoi c'est un secret ? s'étonne George. Tu veux dire que tu as passé des heures plongée dans des dicos et que tu as trouvé ça passionnant ?

– Naaaan, c'est pas ça, se défend Bourdon. Je n'ai emporté qu'un seul dico, les autres bouquins n'ont rien à voir. Le mieux, c'est *Le Grand Livre des démons*, je trouve ça vachement intéressant ! Vous saviez qu'il existe plein d'espèces de démons différentes ? Certains sont affreusement méchants, mais d'autres sont sympas, ils peuvent même vous aider, un peu comme un serviteur !

Julia fait la grimace.

– Non mais quelle flemmarde ! lance-t-elle à sa sœur. Je parie que tu rêves d'un démon-serviteur qui se chargerait de toutes les corvées à ta place, qui ferait la vaisselle, qui rangerait ta chambre, qui te laverait les dents...

– Et alors ? répond Bourdon sur un ton de défi. J'ai prévu de me fabriquer un démon rien qu'à moi, juste comme il faut. Vous verrez, quand j'aurai fini ma lecture et que j'en saurai un peu plus ! Je l'appellerai Béhémoth, c'est le nom d'un démon très courageux qui ressemble à un gros monstre ! Ce qui est dommage, c'est que maman ne veut pas de mes livres à la maison. Elle dit qu'ils ont l'air pleins de puces, de punaises et d'œufs de mouches... N'importe quoi !

Julia fronce des sourcils menaçants.

– Bourdon, tu es en train de dire que tu viens de flanquer un sac plein de puces, de punaises et d'œufs de mouches sur le lit où on va dormir ? Non mais, enlève-moi ça tout de suite !

– Oui oui oui ! répond Bourdon. Relax ! Je les mettrai dans la cabane du jardin et j'irai juste les feuilleter de temps en temps ! Promis, tête de mule nickelée !

Le repas est fini. Tout le monde aide à débarrasser et à rapporter les assiettes dans la cuisine, où George a fait chauffer de l'eau et se charge de la vaisselle.

– En tout cas, qu'est-ce qu'on est bien, ici, sans les grands ! s'exclame-t-il. Personne pour nous embêter, nous dire d'aller au lit, de faire nos devoirs ou de finir notre bol de soupe !

À l'instant même où il prononce ces mots, quelque chose d'étrange se produit du côté de la tour, mais aucun des quatre cousins n'y prête attention. La porte de la tour s'entrebâille en grinçant, et quelqu'un risque un œil au-dehors, vers la maison de Frida.

Chapitre 5
Chatpardeur a disparu !

Que d'agitation durant cette première nuit sur l'île !

Bourdon a fait un cauchemar dans lequel elle était obligée de trimballer des grands sacs de livres, et au moment où elle vidait l'un d'eux, elle a vu émerger un horrible crâne blanc !

Même si ce n'est qu'un rêve, elle bondit du lit à baldaquin et se met à marcher en geignant. Elle tente d'entrer à pas de loup dans la cuisine où George et Alex dorment profondément sur leurs matelas, mais trébuche sur le seuil, et tombe de tout son long sur le pauvre George. Celui-ci pousse un hurlement qui réveille tous les autres.

– Qu'est-ce qu'il y a ? Qui est-ce qui… Bourdon ? C'est toi ? Qu'est-ce qui te prend de m'agresser en pleine nuit ? Tu pèses un âne mort, tu as failli me casser le dos !

– Je croyais que tu voulais absolument dormir dans le beau lit de Frida ? murmure Alex, somnolent. Qu'est-ce que tu fais debout, à te balader en pleine nuit ?

– Un crâne ! pleurniche Bourdon. Il y avait un crâne dans mon sac à dos !

Julia aussi est debout, et elle a compris la situation.

– C'était juste un cauchemar. Il y a peut-être des sales bêtes dans tes vieux bouquins, mais à peine plus grosses qu'une tête d'épingle… Et en plus, tu les as sortis hier, tes livres !

George est encore fâché :

– Si on doit dormir par terre dans la cuisine, il faudrait au moins que la porte de votre chambre soit bien fermée, qu'on n'ait pas à se protéger contre les attaques aériennes pendant notre sommeil ! Ouste, maintenant, retournez d'où vous venez, nous, on voudrait dormir !

– J'ai un petit creux, je sens... commence Bourdon. Il ne resterait pas un quelque chose à grignoter ?

Mais comme George lui jette un coussin à la figure, elle recule, sort de la cuisine et se glisse dans le lit à baldaquin, à côté de sa sœur.

– Je trouve que...

– Silence ! Plus un mot, réplique celle-ci. On dort, là !

– Qui dort dîne... murmure Bourdon.

C'est l'un des proverbes de sa collection.

– Si tu chuchotes encore un mot, je te flanque par terre et tu dors sur le plancher ! menace Julia.

– Taisez-vous ! lancent les garçons.

Quelques minutes plus tard, tous les quatre se sont rendormis. Dans tout ce charivari, personne n'a remarqué l'absence de Chatpardeur. Lui qui flaire d'ordinaire le moindre semblant de dispute et se précipite joyeusement dans la mêlée. Où a-t-il bien pu passer ?

Alors que la lumière grise de l'aube a commencé à filtrer par les fenêtres de la maison,

Bourdon se demande soudain où son chat s'est installé pour la nuit. Encore à moitié endormie, elle tend le bras vers ses mollets, là où Chatpardeur a l'habitude de se lover et de ronronner, quand il n'est pas blotti contre son dos. Elle se met à le chercher à tâtons dans le lit, mais sa main ne rencontre qu'un pied, et Julia endormie proteste en grognant. Alors, Bourdon se lève, s'habille et s'en va à la recherche de son chat.

Durant l'été, Chatpardeur va et vient comme il lui plaît, en passant par la chatière aménagée dans la porte de la cuisine. Mais en hiver, Frida a l'habitude de clouer la trappe, pour éviter les courants d'air glacés. Ce qui veut dire qu'il doit se trouver quelque part à l'intérieur. Bourdon se met à l'appeler à mi-voix, pour ne pas réveiller les autres. Chatpardeeeeuuur ?

Pas de réponse. Pas de chat.

Peut-être qu'il a réussi à s'échapper à l'extérieur ? Elle enfile son blouson, ses bottes, puis sort dans la cour. La neige a continué à tomber pendant la nuit : s'il est bien dehors, les traces de ses pattes devraient pouvoir la conduire jusqu'à lui.

Mais Bourdon ne voit rien de ce genre. Par contre, elle remarque de grandes empreintes plates, celles de grosses chaussures d'adulte. Et même de très grands pieds – impossible que ce soit Alex. Bizarre !

Bourdon réfléchit. Hier, Taximaxi les a-t-il accompagnés jusqu'à la cour ? Quelle pointure peut-il faire ? Elle n'en a aucune idée.

Mais brusquement, il lui semble entendre une plainte, un de ces longs cris que Chatpardeur pousse devant le danger. Uuuuuuuiiiiiiiillllllll !

Ça vient d'où ? D'en haut, on dirait, curieusement. Chatpardeur se serait-il envolé ?

La porte de la cuisine s'ouvre, et un drôle de personnage drapé dans un grand tissu sort de la maison. Le cœur de Bourdon s'accélère, mais elle s'aperçoit vite que l'inconnu n'est autre qu'Alex. Il s'est enveloppé dans une couverture pour se protéger du froid.

– Qu'est-ce que tu fais dehors à cette heure, Bourdon ? lui demande-t-il en bâillant. Qu'est-ce qui se passe ? Tu as faim, pour changer ?

– Chuuuuut.... souffle Bourdon. Tu entends ?

Alex tend l'oreille.

– J'ai l'impression que c'est Chatpardeur qui miaule très loin quelque part, répond-il.

– Donc pas de problème. Il a bien le droit de courir où il veut, non ? De toute façon, il ne risque pas de quitter l'île et de rejoindre Östhamn à la nage !

Un rayon de soleil pâlichon éclaire à cet instant le haut de la tour.

– Regarde ! s'écrie Bourdon, l'index pointé vers la pièce vitrée, tout en haut.

Ils distinguent la silhouette d'un chat ébouriffé, plaqué contre la paroi de verre.

– Chatpardeur ! s'exclame Alex. Mais comment a-t-il fait pour monter ? La porte a toujours l'air fermée, et ça m'étonnerait qu'il ait réussi à l'ouvrir avec ses pattes !

Tous deux se dépêchent de traverser la cour. La porte est bien fermée, mais pas à clé. Alex la pousse prudemment.

Aussitôt, Chatpardeur surgit à toute vitesse et manque de renverser Bourdon. L'animal leur tient tout un discours que les deux cousins ne comprennent pas, parce qu'ils ne parlent pas sa langue. Pourtant, ils ressentent son énervement :

– Miahaha ! Miiomyoooooa ! Mmmmmm-muuuu !

– Il s'est forcément passé quelque chose, mais je ne peux pas y réfléchir le ventre vide ! déclare Alex. Viens, on rentre allumer la cuisinière et se faire un petit chocolat chaud !

Et ils retournent dans la maison, avec Chatpardeur sur les talons. L'animal jette constamment des regards en arrière, comme s'il craignait d'être suivi.

George et Julia dorment encore, mais ils se réveillent au délicieux parfum du chocolat fumant et de cette spécialité française qu'Alex aime leur préparer, les « croques », ou plutôt croque-monsieur, avec plein de jambon et de fromage fondu. Bourdon enlève les bouts de viande, puisqu'elle a décidé de ne plus en manger. Même si ça a l'air drôlement bon, se dit-elle avec tristesse.

– Si on faisait la liste de tous les détails bizarres qu'on a remarqués depuis notre arrivée ? propose Julia. Je me fais peut-être des idées, mais j'ai l'impression qu'il se passe ici des choses qui nous échappent.

– Ces traces de pas, hier, près de la porte de la cuisine ! commence George. ÇA SE PEUT que ce soit celles de Frida, il y a quelques jours. Mais elles étaient trop grandes, non ?

– Moi aussi, j'en ai vu tout à l'heure dans la cour, répond Bourdon. ÇA SE PEUT que ce soit celles de Taximaxi !

– Et surtout, Chatpardeur coincé dans la tour ! ajoute Alex. C'est encore plus difficile à comprendre !

– Il s'est peut-être glissé par une fenêtre entrouverte, ÇA SE PEUT, répond Julia.

– Et être sorti par une autre ? Non, c'est louche ! tranche Bourdon.

– Vous savez quoi ? reprend Julia. Après tout ce qu'on a vécu ici, je crois qu'on est devenus trop méfiants ! Il y a sûrement des explications normales à tout ça. Et d'ailleurs, je ne suis pas venue ici pour faire la chasse aux empreintes comme un détective un peu toqué ! Je suis là pour fêter Noël avec mes cousins, et je voudrais qu'on commence dès aujourd'hui !

Elle défie les autres du regard, et tous les autres approuvent.

– C'est bien vrai, ma bonne dame ! répond Bourdon en gloussant. Décorons plutôt la maison !!!

L'abominable tête de mort qui l'a hantée cette nuit semble complètement oubliée.

Chapitre 6
D'autres mystérieuses disparitions

– Commençons par aller dans la forêt couper des branches de sapin, décrète Bourdon. Et ensuite, on en mettra partout ! On décorera le perron, la marquise, la balancelle du jardin, la cuisine... Bref, du sapin partout ! Avec du ruban de satin rouge. Un vrai décor bien local !

Julia soupire.

– Traîner dans les bois pour récolter des branches, et ensuite passer un temps fou à les ficeler ici ou là... Tu parles d'une façon de préparer

Noël ! Et puis, tes rubans de satin, tu vas les trouver où, si je peux me permettre ?

– Qui cherche trouve ! répond joyeusement Bourdon. C'est un truc latin, je crois. Nous les chercheurs, on aime bien le latin. Dommage qu'il n'y ait pas cette matière dans mon école.

– Des mètres et des mètres de ruban de satin sur cette île ? Bonne chance ! commente George.

– Ne compte pas non plus sur moi ! dit à son tour Alex. Je n'ai pas fait tout ce chemin depuis la France pour jouer au bûcheron !

Mais Bourdon se jette soudain sur son dos, lui coince le bras et l'oblige à se pencher si fort qu'il manque de tomber à la renverse.

– Qu'est-ce qui te prend ? se plaint-il, sidéré.

– Oh, c'est juste un vieux proverbe, répond-elle du tac au tac. Mieux vaut plier que rompre, tu connais ? Je voulais juste voir ce que ça donnait sur toi.

Et elle pouffe de rire.

– Sinon... Voyons voir... On va accrocher des tas de guirlandes, pour que ça brille d'or partout !

– Que ça brille d'or ? répète Julia d'un ton sceptique. Et tu vas le prendre où, ton or ?

– Oh, or ou argent, ça revient au même ! continue-t-elle, ravie. Hier, j'ai trouvé tout un rouleau de papier alu dans un tiroir de la cuisine. Je vais découper de jolies guirlandes dedans pour décorer le plafond.

Alex la regarde fixement.

– Eh, mais Bourdon ! Ce rouleau, c'est moi qui l'ai apporté de France pour nous préparer une spécialité de chez moi. Un gâteau : la bûche de Noël. Hors de question de la suspendre au plafond ! Tu vas me rendre fou avec tes idées !

– Qui vivra verra, dit l'aveugle ! répond Bourdon, tout sourire.

– Chut ! fait soudain George. Je crois que j'entends un moteur de bateau.

Effectivement. Le grondement du nouveau hors-bord de Taximaxi leur arrive aux oreilles, venant de la rive aussi bruyant qu'un avion.

– Qu'est-ce qu'il vient faire par ici ? se demande George. Personne d'entre nous ne l'a appelé, si ?

Les cousins sortent dans la cour, d'où l'on peut voir ce qui se passe en bas sur le ponton. Deux hommes sortent de l'embarcation et commencent à gravir lourdement l'échelle.

Le premier, c'est Taximaxi en personne, aujourd'hui vêtu d'une sorte d'uniforme de capitaine fait maison, avec des boutons en laiton et une énorme casquette. Il affiche un large sourire. Le second est un bonhomme imposant aux cheveux roux. Il porte un blouson mauve criard et un pantalon à carreaux.

– Salut, les gamins, vous me reconnaissez? leur lance-t-il à distance.

Évidemment. C'est Karl Crayon, le rédacteur du petit journal local d'Östhamn, qui paraît trois fois par semaine sur papier, et le reste du temps sous forme de blog.

– Bonjour, Karl, bien sûr qu'on vous reconnaît, répond Julia. Une tasse de chocolat chaud, ça vous dit?

Karl et Taximaxi se lèchent les babines.

Ils entrent et s'assoient à la table de la cuisine.

– Mais qu'est-ce qui vous amène? demande George. Vous ne trouverez pas grand-chose à raconter sur nous. On est juste là pour Noël.

– Vous n'êtes donc pas au courant des disparitions? s'étonne Karl. Vous n'avez pas peur?

Les cousins se regardent.

– Les disparitions ? Quelles disparitions ? finit par demander Bourdon d'une voix tremblante.

– Eh bien, répond le journaliste, ces derniers jours, dans les environs d'Östhamn, trois personnes ont disparu de chez elles. Des jeunes. À vrai dire, des enfants qui habitaient dans des endroits un peu isolés. On ignore ce qu'ils sont devenus. Le seul élément qui donne à penser qu'un seul malfaiteur se cacherait derrière cette affaire, c'est un message enroulé autour d'un caillou qu'on a retrouvé à chaque fois près de leurs maisons, avec quatre mots : « *Le Joueur de flûte* » !

– Comment ça, le Joueur de flûte ? réagit Alex. C'est quoi, cette histoire ?

– Allez savoir ! répond Karl, visiblement surexcité. Personne n'y comprend rien !

Julia, qui est très cultivée pour avoir beaucoup lu, a soudain la mine songeuse.

– Ça n'aurait pas quelque chose à voir avec cette vieille légende allemande, vous savez...

– Quelle légende ? s'exclame Karl.

– Raconte, dit George.

Et Julia s'exécute :

– Ça se passe dans une petite ville d'Allemagne qui est envahie par les rats. Un homme arrive un jour et se dit capable de les capturer. Il sort de sa poche une petite flûte, se met à jouer, et tous les rats le suivent. Il descend jusqu'au fleuve, réussit à les faire sauter dans l'eau, où ils se noient. Mais comme les habitants de la ville refusent de lui payer la récompense qu'on lui a promise, le joueur de flûte se venge. Un dimanche, pendant que les adultes sont à l'église, il entraîne tous les enfants hors de la ville en jouant de son instrument. Ils ne reviennent jamais, sauf deux qui réussissent à se sauver, mais qui sont incapables de dire où se trouvent les autres : l'un est un petit garçon aveugle, qui n'a donc rien vu, et l'autre ne peut rien raconter parce qu'il est muet. Ah oui, et je crois aussi qu'un troisième revient pour récupérer son manteau, ou quelque chose dans le genre.

Karl a les yeux qui lui sortent de la tête.

– Quelle histoire ! dit-il. En effet, ça pourrait être en lien avec ces disparitions d'enfants ! Mais pourquoi les enlève-t-il et dans quel but ?

Julia hausse les épaules.

– Aucune idée, répond-elle. À vous de mener l'enquête.

– Mais… reprend Karl prudemment. Vous n'avez pas peur du tout ? Imaginez que le Joueur de flûte débarque ici et vous emmène tous les quatre ?

– Et qu'il ne reste ici qu'un tas de cailloux, à votre prochain passage… ajoute Bourdon. Des cailloux enveloppés dans des petits papiers.

– Oh là là ! frémit Karl Crayon.

George essaie de jouer l'indifférent.

– Suffit qu'on veille les uns sur les autres ! assure-t-il en riant.

Alex, qui n'est pas trouillard, comme chacun sait, se met à grogner :

– Mes chers cousins, je vous aime bien mais je n'ai pas envie de vous avoir tout le temps sur le dos ! Surtout pas dans la salle de bains.

Il faut dire que Frida, durant l'automne, a fait aménager dans un coin de sa maison la salle de bains la plus minuscule du monde. Une seule personne y tient à peine en dehors de la baignoire, qui consiste en un grand baquet. Alors, s'y laver à deux, c'est impensable.

– Mais en fait, pourquoi êtes-vous venu nous voir, Karl ? lui demande Julia. Pour nous effrayer ?

Le journaliste secoue la tête si énergiquement que ses cheveux roux volettent autour de son crâne.

– Mais non ! Je suis venu vous demander si vous aviez peur, comme je vous l'ai dit – je croyais que vous aviez entendu parler de cette affaire. Vous êtes d'accord pour que je revienne dans quelques jours, voir si vous êtes encore là ?

– OK ! répond Bourdon. Mais si je peux réclamer quelque chose, je voudrais que vous nous rapportiez des maillets de croquet. Moi, j'en ai un, mais pas les autres !

Chapitre 7

Et si on disparaît les uns après les autres ?

– Bon, si on veut faire la fête à Noël, il faut qu'on se répartisse le boulot ! déclare Julia. Et comme je suis la plus vieille, c'est moi le chef, d'accord ?

En voyant que les trois autres s'apprêtent à rechigner, elle se dépêche de poursuivre :

– On a quatre grandes tâches, et on est quatre. Ça tombe bien, non ? La première, c'est la cuisine : on n'a pas à se poser de questions ! Alex, cette mission est pour toi, je t'en prie ! Tu nous diras si tu as besoin de notre aide.

Alex approuve d'un signe de tête. Les casseroles, c'est son domaine.

– Je vais commencer par explorer les cartons de provisions qui se trouvent dans le cellier, dit-il. Tu me donnerais un coup de main pour les remonter, George ?

– Vas-y, George, et ensuite, je te confierai ta mission ! poursuit Julia. Tu es le plus branché art de nous quatre, donc j'ai pensé que tu pourrais t'occuper des décors.

– Quoi ? Mais c'est MOI, l'artiste ! C'est MOI qui veux décorer ! proteste Bourdon. Peindre des pommes de pin à la bombe dorée, et tout. Et les branches de sapin, les rubans de satin, et...

– Mais Bourdon, j'ai un autre travail parfait pour toi ! l'interrompt sa sœur. De nous quatre, tu es celle qui a le plus d'imagination. À toi d'inventer des histoires de Noël que tu nous raconteras ! Même avec des fantômes, si tu veux !

Bourdon en reste bouche bée.

– Moi ? Que j'invente des histoires à vous raconter ? Oooh, ça, ça me dit bien. Et toi, alors, qu'est-ce que tu vas faire ?

Julia affiche soudain un air grave.

– En fait, je prends au sérieux ce que nous a appris Karl. Allez savoir si les choses bizarres qui se sont passées ici n'auraient pas un rapport avec ce Joueur de flûte... Je comptais organiser une petite surveillance, avec ou sans maillets de croquet. Et me charger des contacts avec le monde extérieur ! Et je viendrai à la rescousse quand vous aurez besoin d'aide. Alors ? Qu'est-ce que vous en pensez ?

– Il me semble qu'on n'a pas besoin d'un chef, mais autrement, ça me va, marmonne George. Décorer, je n'ai rien contre, j'ai même déjà quelques idées. Et s'il faut que je monte la garde avec un maillet de croquet sur l'épaule, eh ben, je le ferai...

– Veuillez m'excuser, lance Bourdon sur un ton nonchalant, mais je crois qu'il est temps que je me retire dans ma piaule d'écrivain pour travailler sur la première histoire... Je vais m'installer au bureau de Frida, si ça ne vous dérange pas...

Et elle disparaît dans la chambre.

– Bon, allons chercher les caisses et sortons les provisions, dit Alex. Viens, George, c'est parti !

Julia soupire d'aise et s'étire, bien au chaud devant la cheminée. Ce Noël va être sympa, malgré tout. En réalité, cette affaire de disparitions ne l'inquiète pas du tout. Elle n'y croit pas une seconde.

Le soir venu, une fois dégustée la délicieuse tarte salée d'Alex, tout le monde se réunit autour du feu, à la demande de Bourdon. Elle les convie à écouter sa première histoire de fantômes.

– Le titre, c'est *Dix petits cousins*, annonce la lectrice. J'ai piqué l'idée dans un roman policier célèbre qui s'appelle *Dix petits nègres*, en transformant pour que ça colle avec nous. Vous êtes prêts ?

Dix petits cousins étaient sur une île,
Croyaient pas mourir, se faisaient pas de bile.
Dix petits cousins allèrent au ciné,
L'un d'eux eut si peur, qu'il y est resté.
Neuf petits cousins à la chasse aux rats,
Ont pris l'un des leurs, qui ne s'en sortit pas.
Huit petits cousins ont claqué des dents.
L'un d'eux a gelé, n'est plus dans les rangs.
Sept petits cousins mangeaient des biscuits,
L'un s'est étouffé, trop tard, il est cuit.
Six petits cousins ont voulu rentrer,

Mais l'un s'est perdu, et il n'y est plus !
Cinq petits cousins s'montraient une fourmi,
L'un s'est fait piquer, le v'là en momie !
Quatr' petits cousins ont vu une sorcière,
Qu'en a transformé un en ver de terre.
Trois petits cousins dansaient sur les pointes,
L'un s'est cassé l'pied, la triste complainte !
Deux petits cousins montèrent en bateau,
Le moins dégourdi est tombé à l'eau.
Le dernier cousin, triste et solitaire,
Pleurant sur son sort, disparut sous terre !

Bourdon regarde son public avec fierté.

– Qu'est-ce que vous en dites ? En vers, et tout ! Ce soir, un grand écrivain est né, et voilà l'œuvre qui m'aura jetée !

– Qui m'aura lancée, tu veux dire, murmure George. Mais c'est plutôt sinistre, tous ces cousins qui meurent ou qui se blessent... Et puis, les fourmis, ça ne pique pas : ça mord !

– C'est pas un reportage ! rétorque Bourdon, vexée. Tout n'est pas vrai, dans ce poème, d'accord ?

Julia a soudain pitié de sa petite sœur, qui était si fière de son travail.

– Moi, je le trouve très bien, Bourdon, lui dit-elle. Tu as beaucoup de talent !

Le visage de Bourdon s'éclaire. Un compliment de Julia, ce n'est pas si fréquent.

– Je le savais ! répond-elle, en essayant de ne pas paraître trop vaniteuse.

– Tu sais quoi ? reprend George. J'ai lu le livre dont tu t'es inspirée. Il a été écrit par une romancière anglaise très connue, Agatha Christie. J'en ai fait des cauchemars pendant des nuits ! C'est l'histoire de dix personnes qui se retrouvent sur une île. Ils disparaissent les uns après les autres et on les retrouve morts.

– Arrête ! Vous imaginez si... si ça nous arrivait ? glisse Julia en frissonnant. On se réveille un matin, Bourdon n'est plus là et on ne trouve derrière elle que des traces de pas sanglantes... Le lendemain, c'est Alex, et le grand couteau de cuisine... Et ensuite George disparaît, et quelqu'un a creusé une tombe quelque part... Et...

Elle se tait.

– Et moi, je... reprend-elle au bout d'un moment, d'une voix étouffée.

– Mais qu'est-ce qui vous prend? réagit George. C'est ce journaliste qui vous a fichu la frousse, avec son Joueur de flûte? Assez d'histoires glauques pour ce soir, ou je casse tout à coups de maillet de croquet! Si on jouait plutôt aux cartes?

– Au fait, j'ai une surprise! dit soudain Alex avec un grand sourire. J'avais tellement peur que Bourdon me chipe mon papier alu que je vous ai préparé une bûche de Noël cet après-midi! Ça vous dit?

Les visages s'illuminent d'enthousiasme. Alex rapporte de la cuisine un magnifique gâteau roulé couvert de glaçage au chocolat. Julia met la table et les cousins dévorent la bûche. Puis tous s'adossent dans leurs fauteuils, l'air ravi, et bavardent devant le feu. Ils jouent aux cartes jusqu'à ce que leurs yeux se ferment de sommeil. Toutes ces sordides histoires sont oubliées.

Mais au milieu de la nuit, Julia se réveille avec des sueurs froides et le cœur en folie.

Elle donne un coup de coude à Bourdon, couchée à côté d'elle.

– Tu as entendu ? chuchote-t-elle. Quelqu'un a crié, non ?

Bourdon marmotte une réponse inaudible, mais s'assied dans le lit, tend l'oreille... Et finit par bâiller.

– Bof, c'est sûrement un oiseau, dit-elle. Un vieux grèbe, un aigle ou je ne sais quoi.

Chapitre 8

Ce sera votre faute si vous disparaissez demain

Le lendemain, Alex, l'air inquiet, tourne en rond en se rongeant les ongles.

– Il ne reste que quelques jours avant le 24, grogne-t-il. Il faut se mettre aux fourneaux, ou on va se retrouver à manger des macaronis froids et des boulettes de poisson en conserve pour le soir de Noël !

Ce menu-là, c'est Frida qui le leur a servi un jour, un souvenir qui les fait tous frémir d'horreur, surtout quand ils pensent au miel liquide qu'elle avait commencé à ajouter par-dessus, pour relever un peu le goût. Quand il s'agit de faire à manger, Frida est vraiment en dessous de tout.

– Du calme, du calme ! répond Julia. On va tout de suite te laisser bosser en cuisine.

– Avec moi comme assistante ! déclare Bourdon avec zèle. S'il te plaît, s'il te plaît !

– D'accord ! Même si je voulais, je n'arriverais même pas à te mettre à la porte de cette pièce, de toute façon, répond Alex en riant. Aujourd'hui, on va faire un délicieux nougat avec des pistaches et de l'eau de rose. Qu'est-ce que tu en dis, Bourdon ?

Son regard s'illumine.

– Alléluia, soupire-t-elle en serrant Chatpardeur si fort qu'elle lui arrache un long « Miaaahahahéééé ».

Julia, elle, repense aussitôt au cri qui l'a réveillée en plein sommeil.

– Est-ce que quelqu'un aurait entendu quelque chose de bizarre, cette nuit ? demande-t-elle.

– J'entends des trucs bizarres toutes les nuits, répond George avec un sourire moqueur. Alex parle en dormant… Et comme c'est du français, je ne peux même pas savoir ce qu'il baragouine !

La radio posée sur le plan de travail de la cuisine est allumée.

– Chut, mettez plus fort ! dit soudain George. Je crois qu'il est question du Joueur de flûte.

Julia tourne le bouton qui commande le volume. C'est l'heure des informations locales. Il semblerait qu'il y ait beaucoup d'agitation dans le studio.

Un communiqué vient d'arriver de Storvalla, la grande ville la plus proche.

« La police de Storvalla a sollicité des renforts, suite aux dernières évolutions dans l'affaire des enfants disparus d'Östhamn, annonce le présentateur d'une voix tendue. Il y a maintenant trois jours que les premières victimes manquent à l'appel, et une quatrième disparition a été constatée hier soir. Des skieurs des environs d'Östhamn ont en effet signalé que leur voisin, un jeune homme de dix-sept ans qui vit seul dans un vieux chalet de vacances, semblait avoir disparu de chez lui. Le message habituel portant les mots "Le Joueur de flûte" a été retrouvé sur les marches de l'entrée, devant sa porte restée grande ouverte. Pourquoi a-t-il fallu autant de temps pour que l'on découvre que ces jeunes avaient été enlevés ? s'interroge la police. L'explication est simple : tous les disparus devaient passer la nuit chez un ami ou un parent, et tous semblaient très heureux et impatients à cette idée. Leurs familles n'ont alerté la police que le lendemain, en ne les voyant pas revenir. Il apparaît aujourd'hui qu'aucun des amis des jeunes victimes n'avait lancé une telle invitation. »

– Mais c'est effrayant ! souffle Julia. Comment peut-on...

– Chuuuut ! proteste George. C'est pas fini !

« ... rien d'étonnant, puisque Jenny dort souvent chez sa copine qui habite la maison voisine, elles font leurs devoirs ensemble, vous comprenez, continue une voix féminine. Mais d'habitude, elle revient toujours le lendemain matin ! Et aujourd'hui, on ne l'a pas vue. »

Une voix d'homme très émue enchaîne :

« Patrick passe souvent le week-end chez son grand-père, avec qui il apprend à réparer des vélos. Il n'a que douze ans. Quand j'ai appelé lundi, mon père ne l'avait pas vu ! Où es-tu, mon petit Patrick ? »

Le reporter reprend :

« Qu'en pensez-vous, commandant Johansson ? Comment menez-vous l'enquête concernant ces quatre jeunes disparus ?

« – Oui, eh bien... commence son interlocuteur. Il est évident que nous avons simplement affaire à des fugueurs...

« – Des fugueurs ? s'étonne le journaliste. La police prend-elle ce dossier assez au sérieux ? Ne devriez-vous pas organiser des battues et envoyer des patrouilles de recherche ?

« – Ne suscitons pas la panique ! répond le commandant, agacé. Nous faisons de notre mieux. Nous avons même demandé des renforts.

« – Ainsi s'achève notre journal local, conclut le reporter, avant d'ajouter : Nous demandons aux quatre disparus, Jenny, Patrick, Mattias et Lisa, s'ils nous écoutent, de donner immédiatement de leurs nouvelles à leurs parents, qui sont dans l'angoisse. »

George éteint la radio. Les quatre cousins se regardent.

– Là, je commence à être presque un peu inquiète, finit par reconnaître Bourdon.

– Ils ont tous nos âges, ou un peu plus, et ils ont disparu à Östhamn.

– Je n'ai pas l'intention de laisser cette histoire nous gâcher notre Noël ! déclare Alex, avec une mine décidée.

George approuve de la tête :

– Non. Le Joueur de flûte, s'il existe, a sûrement d'autres projets, je suis prêt à le parier.

– On devrait laisser la radio allumée pour être au courant s'il y a du nouveau, suggère Julia.

– Et moi, je parie que c'était le Joueur de flûte qui a kidnappé Chatpardeur l'autre soir, dit soudain Bourdon. Pour s'entraîner, quoi !

Les autres éclatent de rire.

– Très bien, ça sera votre faute si demain matin, vous vous apercevez que vous avez disparu, rétorque Bourdon, blessée. Bon, Alex, on le fait un jour, ce nougat ?

Chapitre 9
Le mystérieux crâne

Le lendemain matin, les cousins s'attardent au petit-déjeuner en discutant des étranges disparitions dont ils ont entendu parler.

– Il y a un ou deux ans, toute une famille française a disparu de chez elle, dit Alex. Le père, la mère, et deux ados. Ils avaient quitté la maison en laissant de la vaisselle dans l'évier et de la lessive dans la machine à laver. Mais leurs brosses à dents et leurs draps étaient introuvables, et il y avait des taches de sang un peu partout, qu'on avait essayé d'essuyer.

La police a mis très longtemps à trouver ce qui s'était passé. C'étaient des gens de la même famille qui les avaient frappés et kidnappés. Ils étaient fâchés pour une histoire d'héritage de lingots d'or.

– Les gens de la même famille, c'est les pires ! déclare Bourdon en adressant un clin d'œil à Alex.

George prend la parole à son tour :

– Ma grand-mère m'a raconté un truc qui s'est passé sur une île dans le Småland, il y a cinquante ans. Un garçon de treize ans était sorti le matin chercher du bois, tout près de la ferme, et il n'est jamais revenu. Alors sa famille a appelé la police et fait une battue dans la campagne. Mais ils ne l'ont pas retrouvé. Quinze ans plus tard, trois chasseurs ont découvert un crâne sur une autre île. Ils ont vu que ses dents avaient été soignées, donc ils ont compris que ça ne pouvait pas venir d'un squelette historique. Et grâce au registre des dentistes, on a pu constater que c'était bien le garçon disparu. Personne ne sait comment il était arrivé là-bas.

– Mais qu'est-ce qui s'était passé ? demande Bourdon, les yeux écarquillés. Un meurtre ? Ou un animal qui l'avait traîné loin de chez lui ?

– Personne ne sait, je vous dis ! répond George. C'est une histoire vraie, pas un roman policier. On n'a pas la réponse à la dernière page !

– Il y a plusieurs milliers de personnes qui disparaissent tous les ans, rien qu'en Suède, assure Julia. Je l'ai lu. La plupart, on les retrouve dans les quarante-huit heures, et souvent, ce sont des gens déprimés, soit qui se sont noyés, soit qui ne veulent pas qu'on les retrouve. Des enfants, par contre, c'est très rare.

– Moi aussi, j'ai lu quelque chose à ce propos, reprend George. Seuls trois pour cent des disparitions restent une énigme. Le plus souvent, les gens réapparaissent au bout de quelques jours. Je me souviens de l'histoire d'un petit garçon qu'on avait retrouvé dans le terrier d'un glouton. Il avait sans doute voulu savoir comment vivent ces bêtes. Il y avait aussi quelqu'un qui s'était retrouvé dans une allée forestière enneigée, et qui a survécu dans sa voiture pendant plusieurs mois, en mangeant de la nourriture qu'il avait dans son coffre. Et puis aussi un vieux bonhomme qui s'était construit une espèce de monument mortuaire en pleine forêt. On l'a retrouvé là-dedans vivant, au bout de dix ans !

– Mais rien de tout ça ne colle avec ceux qui viennent de disparaître à Östhamn, réplique Alex. Personne ne les a vus depuis des jours. Ils n'étaient ni déprimés ni toqués, c'étaient des enfants et des ados comme vous et moi, qui se sont volatilisés !

Julia réfléchit un instant.

– Il y a quand même des points communs entre eux, observe-t-elle. Tous sont très jeunes, et pas spécialement forts. Et personne ne les surveillait. Certains vivaient dans des endroits tellement isolés qu'on pouvait ne pas les voir tous les jours. D'autres ont donné à leur famille une explication qui paraissait normale, un mensonge pour pouvoir aller faire quelque chose d'amusant et d'interdit, on dirait. C'est peut-être justement ce que quelqu'un leur a fait croire ?

Bourdon se tait depuis un long moment. Elle se racle la gorge et murmure :

– Hmm... Hmm... Vous comprenez ce que ça veut dire ? On a tous les quatre l'âge de ceux qui ont disparu. On est isolés. Cette semaine, personne ne nous surveille, ni ne sait à quoi on passe notre temps. C'est comme si on était là, à attendre qu'on vienne nous cueillir. Qu'est-ce qu'on peut faire ?

Les quatre cousins se regardent en silence.

– Ce qu'il ne faut pas faire, c'est se mettre à paniquer au lieu de garder l'esprit bien clair, déclare George. Les disparus ont raconté à leurs familles qu'ils s'absentaient volontairement pendant quelque temps. Vous avez pensé à ce détail ? Et nous ? Est-ce que quelque chose de dangereux et d'interdit pourrait nous attirer loin d'ici ? L'un d'entre nous pourrait vraiment dire aux autres : « Je m'en vais pour quelques jours, ne vous faites pas de souci... » ?

– Ben... répond Julia. Si quelqu'un vient me trouver en disant « Félicitations, tu as gagné un nouvel ordinateur, il faut juste que tu ailles le chercher toi-même à Storvalla après-demain, je peux t'y conduire... Mais pas un mot aux autres ! » Je serais capable de marcher, j'avoue !

– Moi, si on me fait croire que Chatpardeur est blessé et se vide de son sang quelque part sur la côte, je pourrais bien me jeter dans la première barque que je trouve, sans vous avertir.

– Mais au fait ! s'exclame George. En y réfléchissant, on ne s'est jamais retrouvés dans cette situation ! D'habitude, Frida n'est jamais loin, on a toujours pu l'appeler, elle ou nos parents. Cette fois, elle est en Islande et eux sont en voyage ici ou là. Après, il y a d'autres personnes qu'on pourrait appeler à l'aide, même si elles ne font pas partie de la famille. Taximaxi, par exemple. Et la police.

Bourdon affiche une triste mine.

– Je me demandais un truc, dit-elle. Combien d'entre nous ont emporté un téléphone ?

Julia et George sont les seuls. Le portable français d'Alex est tellement inutilisable sur l'île aux Grèbes qu'il le laisse toujours chez lui.

– Le réseau est pas trop mal, ici, ajoute Julia. Mais là, le mien est déchargé. Il faudra que j'y pense ce soir.

– Ensuite, tu me prêteras ton chargeur ? ajoute George. Je n'en ai pas. Comme maman passe son temps à perdre le sien, elle me le pique.

Bourdon semble de plus en plus désolée.

– Justement, marmonne-t-elle. J'avais le chargeur de Julia dans la poche extérieure de mon sac à dos, mais quand on est sortis du bateau, il a glissé, et il est tombé à l'eau...

Tous les yeux sont braqués sur elle.

– Tu es en train de nous dire qu'on ne peut plus contacter personne ? Qu'on n'a plus de chargeur et qu'on ne peut pas appeler Taximaxi, ni Karl Crayon... ni la police, ni une ambulance ? gronde Julia sur un ton menaçant.

Bourdon opine, l'air malheureuse.

Chapitre 10
Le mystérieux tagueur

– Au moins, on a la radio, se console Alex. On peut suivre l'enquête sur les enfants disparus. Et si jamais ça tourne très mal, on pourra... On pourra toujours...

– ... tirer des fusées de détresse, complète Bourdon. Je sais où il y en a : dans le vieux phare ! D'ailleurs, si on en tirait quelques-unes, là, juste pour voir, histoire d'essayer ? Allez, dites oui !

Elle regarde Alex d'un air suppliant, mais il secoue la tête.

– Soit elles ne marchent pas, et ça ne servirait à rien. Soit elles marchent, et on risque de voir débarquer les sauveteurs et la police. Non, attendons qu'il y ait vraiment un problème. En tout cas, promis, tu pourras tirer !

– On pourrait au moins aller au phare y jeter un coup d'œil, propose Bourdon. Les mettre au sec et au chaud !

– Pourquoi pas cet après-midi, répond George. Quand il fera moins moche.

– D'ici là, on a le temps de continuer un peu à préparer Noël, suggère Alex. Frida a dit qu'elle avait toute une caisse de décors dans le fond du grand placard du séjour.

– On ne va pas d'abord chercher un sapin où les accrocher ? demande Julia.

– Pas la peine, répond Alex en riant. Tu n'as qu'à te planter là, bien droite, les bras tendus. On te mettra des jolies boules aux oreilles, des machins brillants tout autour du ventre et une étoile au sommet du crâne.

– T'es bête ! lui répond Julia. Viens, George, on va couper un petit sapin, Alex n'aura qu'à faire joujou avec ses décors en attendant.

– Moi, je vais découper mes guirlandes en alu ! décide aussitôt Bourdon.

Elle s'installe sans plus tarder à la table de la cuisine, armée de son rouleau d'aluminium et de ses ciseaux.

Chatpardeur prend Julia et George en filature. On voit bien qu'il a un peu froid : au lieu de marcher tout en souplesse à sa manière habituelle, il avance par petits bonds et tente de se débarrasser des morceaux de glace qui lui collent aux pattes. Tous les trois passent la clôture et disparaissent, munis d'une hachette, dans le petit bois, à l'autre bout de l'île.

Pendant ce temps, Alex sort du placard les décors de Noël de Frida. Une petite musaraigne grelottante, qui s'est construit pour l'hiver un nid douillet dans le rembourrage d'un lutin, pointe le nez hors de la caisse.

– Bienvenue et joyeux Noël ! lui dit Alex d'un ton amical. Tu as de la chance que Chatpardeur soit de sortie !

La souris le regarde avec frayeur de ses petits yeux noirs et ronds comme des perles, puis s'enfuit par l'embrasure de la porte.

Bourdon enfonce ses ciseaux dans le rouleau de papier d'aluminium et se met à couper et couper encore, jusqu'à en avoir les joues rouges et le front en sueur. La guirlande obtenue se révèle bosselée, garnie de franges obliques à des endroits inattendus, mais Bourdon est très satisfaite du résultat. Le sol de la cuisine se retrouve argenté comme s'il avait neigé des paillettes toute une nuit.

Alex est en train de trier consciencieusement les boules, les lutins, les drapeaux et autres babioles, quand on tambourine soudain violemment à la porte.

– Ouvrez ! crie une voix rauque. Le Joueur de flûte est là. Mieux vaut pour vous que vous me suiviez gentiment, je suis là pour vous kidnapper !

– Alors là, tu rêves ! braille Bourdon en retour. Attends de voir mon fidèle maillet de croquet !

Son arme l'attend, prête à servir, dans l'entrée. Elle l'attrape, ouvre la porte brusquement et brandit le maillet d'un geste menaçant. Deux silhouettes titubent à reculons dans l'escalier et atterrissent mollement dans la neige, emportant dans leur chute un parfait petit sapin, qui doit leur arriver au nombril.

– T'es tarée ?! gémit George.

Le maillet de croquet a envoyé balader sa grande casquette en cuir.

– Faut se méfier de toi, maintenant ? Comme si ça ne suffisait pas, entre ces traces de pas bizarres, le kidnappeur et le Joueur de flûte !

– T'avais qu'à pas te faire avoir ! rétorque Bourdon en baissant son arme. De quelles traces bizarres est-ce que tu parles ?

Elle laisse entrer Julia et George dans la maison. Le sapin restera dehors pour le moment.

– Les grandes empreintes qu'on a vues en arrivant à côté de la porte de la cuisine, tu sais. Maintenant, il y en a partout sur l'île. On dirait que ce type a traîné ses bottes ici un bon bout de temps. Les traces sont à moitié cachées sous la neige, donc elles ne sont pas si fraîches que ça.

– Une chose est sûre, dit à son tour Julia. On ne doit pas sortir seul. Il ne faut pas qu'on se perde des yeux, même pas une minute. Le mieux, ce serait qu'on sorte chaque fois tous ensemble. Parce que je n'ai aucune envie de rester enfermée dans la maison une semaine entière !

– Justement, on pourrait faire un tour maintenant, non ? demande Bourdon. Je n'ai pas encore mis le nez dehors, moi, et j'ai travaillé dur depuis ce matin.

– Alors allons-y tous, répond Julia.

Les quatre cousins enfilent des vêtements chauds, de grosses chaussures de marche et s'en vont à travers la prairie. Chatpardeur, qui adore se promener, sautille joyeusement derrière eux.

Comme prévu, le temps s'est éclairci. L'île aux Grèbes s'étend devant leurs yeux telle une jolie carte postale. Avec ses arbres et ses buissons couverts de givre, on se croirait dans un paysage de conte de fées.

– Direction le vieux phare ! lance George. Mon futur atelier de peintre !

Le phare se dresse devant eux. Sa haute et majestueuse silhouette domine le bord de l'eau. C'est une vieille construction rongée par les intempéries, et qui ne sert plus à grand-chose. Mais Frida y garde à l'abri son bateau, son fil de pêche et toutes sortes de bricoles.

– C'est fermé, constate Julia en secouant la poignée de la porte en bois vert. Et on n'a pas pris la clé !

– Mais regardez ! dit Bourdon, le doigt pointé vers le mur blanc-gris. On dirait un tag ! Trop bizarre !

– Non, c'est plutôt quelqu'un qui a essayé de graver quelque chose avec un caillou, répond Alex, intrigué. Qu'est-ce qui est écrit ?

– Ça commence par un M, lit Julia. Et ensuite, il y a un A... et un T... « Mat » ? Enfin, la dernière lettre n'est pas claire du tout !

– Qui a pu faire ça ? se demande Bourdon. Je croyais que personne n'était venu ici depuis la fin de l'été. Pas nous, en tout cas. Et Frida n'irait jamais taguer son vieux phare !

– Ça veut dire quoi, « mat » ? s'interroge Alex. C'est un mot suédois tordu que je ne connais pas ?

– Je ne pense pas, répond George. Peut-être que le tagueur a voulu écrire « matin » et qu'il a été interrompu.

– Encore un autre mystère, soupire Julia. On en avait pourtant assez avec les empreintes...

– Là, je crois qu'il faut appeler la police ! lance Bourdon, qui a décidément très envie de tirer les fusées de détresse. Ils veulent sûrement récolter le plus d'indices possible…

– Tu voudrais lancer nos précieuses fusées, faire rappliquer ici tous les bateaux de sauvetage, se moque George, pour leur dire que quelqu'un a écrit « Maths » ou peut-être « Matelas » sur un vieux phare ? En plus, on ne sait même pas de quand ça date. Ils nous prendraient pour des cinglés !

– En tout cas, j'espère qu'on n'a pas voulu écrire « M'a tué », chuchote Julia.

Chapitre 11
Où est passé George ?

Les cousins rentrent dans la maison, gelés et assez inquiets.

Alex leur sert un sirop de groseilles chaud avec de gros croissants. Tous les quatre s'installent autour d'un bon feu et trouvent de quoi s'emmitoufler dans la collection de plaids de leur tante.

Julia allume la radio.

« Jenny, Lisa, Patrick et Mattias n'ont toujours pas réapparu, et cette fois, il semblerait que la police accélère enfin le rythme des recherches !

déclare un journaliste sur un ton tonitruant. Dans le même temps, de nouveaux éléments ont été révélés. Les quatre disparus se connaissaient, puisqu'ils étaient tous membres de l'orchestre des jeunes d'Östhamn. La police se demande si leur disparition ne serait pas volontaire. Deux faits plaident pourtant contre cette hypothèse : les disparus sont d'âges différents, compris entre douze et dix-sept ans, et ils n'avaient pas l'air de se fréquenter. Passons à présent à la météo... »

Julia éteint la radio, l'air pensive.

– Et le Joueur de flûte, alors ? dit-elle. La police pense que c'est un hasard si on a trouvé un papier avec cette signature partout où les enfants ont disparu ? Ce n'est pas possible !

– Peut-être qu'ils ont tous des mauvais parents qui les battent, et qu'ils ont voulu s'enfuir ensemble, imagine Bourdon.

– N'importe quoi ! Pourquoi ils partiraient ensemble pour ça ? doute George.

Mais Bourdon ne lâche pas le morceau.

– Ils se sont peut-être aperçus que dans le bus, ça coûtait moins cher de prendre un billet groupé... Non, je sais ! Comme ils jouaient dans le même orchestre, ils ont dû créer un groupe et fuguer pour participer à The Voice ! Ou à l'Eurovision ! Et en plus, le kidnappeur de ton histoire, Julia, il faisait de la flûte, non ?

– Complètement tiré par les cheveux ! tranche Julia. Bon, si on passait à autre chose, hein ?

Elle se lève et regarde par la fenêtre.

– Il fait déjà noir ! constate-t-elle. Demain, c'est le jour le plus court de l'année.

– Il ne reste plus que quelques jours avant Noël ! enchaîne Alex. Mais on n'est pas trop dans l'ambiance, là, malgré tes jolies guirlandes, Bourdon.

La mélancolie s'abat sur les cousins réunis autour de la cheminée.

– Je n'ai jamais fêté Noël sans papa et maman, glisse Bourdon. Les petits poèmes rigolos que papa récite à Noël vont me manquer... J'espère qu'ils font bien attention aux tigres, là-bas, en Inde.

Puis elle se ressaisit et change de ton :

– Bon, on commence à s'ennuyer, là ! On a mieux à faire que de penser aux parents ! J'ai une idée de jeu : si on inventait de nouveaux proverbes ?

Elle va chercher son gros dictionnaire de proverbes et s'explique :

– On commence par en choisir un, par exemple : Chat échaudé craint l'eau froide, et on le mélange avec un autre, comme : Pierre qui roule n'amasse pas mousse, et ça donne un proverbe moderne : Chat échaudé n'amasse pas mousse ! Vous comprenez ? Celui qui fabrique le meilleur proverbe aura droit à un sucre d'orge !

Bourdon est sûre de gagner, avec : Rien ne sert de courir, il faut faire la grimace, mais George et Julia votent pour la trouvaille d'Alex : Qui vole un œuf n'a rien.

– Qui connaît des chansons de Noël ? demande Julia. Qu'on se mette un peu dans le bain !

– « Mon beau sapin, roi des forêts » ! commence George.

– Il y a aussi *Douce nuit*, bien sûr, ajoute Julia. Mais j'ai oublié les paroles.

– Vous voulez l'entendre en français ? propose Alex.

Il se met à chanter d'une si belle voix que l'atmosphère en est toute réchauffée. Bourdon allume le grand chandelier posé sur la cheminée, mais les morceaux de bougies sont trop courts. Une odeur de brûlé ne tarde pas à se faire sentir.

– Attention ! crie George. C'est du bois ! Le chandelier brûle !

Il se lève, s'empare à deux mains de l'objet enflammé.

– Je vais le jeter dans la neige !

Il sort de la pièce et ouvre la porte d'entrée. Un courant d'air glacé se glisse à l'intérieur du salon, ravivant les braises de la cheminée, puis on entend la porte claquer.

Alex mordille avec gourmandise le sucre d'orge qu'il a gagné.

– Demain, on pourra faire des saynètes ?

– Oh non, pas encore une recette ! soupire Bourdon. On en a déjà commencé une centaine tout à l'heure, on va devoir bosser toute la journée !

– Mais ce ne sont pas des gâteaux, Bourdon ! Je parlais de faire deviner des mots en jouant comme au théâtre !

– Ça a l'air drôle, marmonne Bourdon, qui reste contrariée de ne pas avoir gagné de sucre d'orge.

Julia est silencieuse depuis un moment.

– Je ne sais pas si vous y avez pensé, dit-elle soudain, songeuse. Mais ce « Mat » gribouillé sur le phare... C'est le début du nom d'un des garçons qui ont disparu : Mattias. Quelqu'un pourrait l'avoir emmené ici, et il a voulu avertir qu'il était là, sans crayon pour écrire ni rien... Qu'est-ce que tu en penses, George ?

Pas de réponse. Trois paires d'yeux regardent à droite et à gauche.

– Mais où est passé George ? s'exclame Julia. George !

George ne répond pas.

Chapitre 12

Où sont passés George et Chatpardeur ?

Les cousins se regardent fixement. Julia avance dans l'entrée. Le vent glacial pénètre dans la maison.

– GEOOOOOORGE? hurle-t-elle dans l'obscurité.

Bourdon va et vient dans le salon et laisse échapper des petits sanglots.

– Ça y est ! Ça commence ! gémit-elle. Le Joueur de flûte est là ! On va tous disparaître, les uns après les autres !

– Qu'est-ce que tu racontes ? gronde Alex. George n'est pas là parce qu'il est sorti. Si un joueur de flûte était venu l'enlever, on l'aurait entendu ! Il doit être aux toilettes dans le fond du jardin !

– Pourquoi il aurait préféré faire pipi dans le froid, alors que Frida en a fait installer à l'intérieur ? rétorque Bourdon. Non, quelqu'un l'a capturé ! Qu'est-ce qu'on va faire ?

Julia saute pour attraper son blouson et commence à l'enfiler.

– Peut-être qu'il n'y avait plus de papier dans la salle de bains ? Mais non, je rigole... Il doit y avoir une autre explication. Venez, on va le chercher !

Alex s'emmitoufle à toute vitesse et prend la lampe-tempête de Frida. Dehors, il fait très sombre. Bourdon s'arme de son maillet de croquet, et Julia se saisit d'une poêle à frire. Sur une tête, ça devrait être efficace, se dit-elle.

Tous les trois se dirigent d'abord vers les toilettes extérieures, tout au fond du jardin. Julia ouvre la porte et jette un coup d'œil, mais il n'y a personne.

– Geoooorge ! Geoooorge ! appellent-ils sans relâche.

Toujours pas de réponse. Seul leur parvient aux oreilles le mugissement du vent entre les arbres.

– Vous aussi, vous allez disparaître, déclare Bourdon, la voix pleine d'amertume. Chacun à votre tour ! Et alors, vous regretterez de ne pas m'avoir laissée tirer les fusées de détresse !

Bourdon n'a pas peur : elle n'a jamais peur quand elle tient fermement son maillet de croquet.

– Mais on n'a pas le droit de tirer des fusées de détresse pour rien ! proteste Julia. On peut avoir une amende pour ça, peut-être même aller en prison !

Sa sœur s'indigne :

– Comment ça, « pour rien » ? siffle-t-elle. Pour toi, George, c'est rien ? Tu vois bien qu'il a disparu ! Où est-ce qu'on va le chercher, maintenant ?

Alex promène les yeux aux alentours en réfléchissant.

– Vous voyez de nouvelles empreintes, vous ? Moi non !

– Si, là ! s'écrie Julia. À côté de la clôture. On dirait que deux personnes ont marché par ici, dans un sens et dans l'autre ! Deux paires de chaussures, une grande et une petite !

– Il faut les suivre le plus loin possible, conclut Alex. Mais en restant bien ensemble et en se surveillant de près !

Les trois cousins passent la clôture et traversent la prairie. Le vent a encore fraîchi, il fait de plus en plus froid.

– Brrr, si c'est pour rire, George va m'entendre, grommelle Bourdon en grelottant. Au fait, ça ne serait pas bientôt l'heure de manger un petit quelque chose ? Tant pis pour lui, il finira bien par rentrer.

– Tu oublies les empreintes, répond Julia. George n'a pas disparu tout seul ! Il faut qu'on sache ce qui s'est passé.

– Les empreintes de deux personnes, d'accord, poursuit Alex, mais qu'est-ce qui nous dit qu'elles ont été faites au même moment ? Imaginez : un type à grands pieds débarque ici et espionne du dehors ce qui se passe dans la maison. George sort sur le perron avec son chandelier, il a l'impression d'entendre quelque chose, et va plus loin. Le mystérieux visiteur, le Joueur de flûte ou je ne sais qui, est en train de franchir la clôture, et George le suit ! Maintenant, ils pourraient se trouver n'importe où dans le noir ! Geooooorge !

Il recommence à appeler de toutes ses forces. Bourdon et Julia l'imitent.

– Bon ! finit par dire Julia. Au moins, on est trois. On est bien capables de maîtriser un joueur de flûte, surtout si George nous donne un coup de main ! Allez, on accélère, on fait tout le tour de l'île en criant ! Tu auras à manger après, Bourdon, et peut-être que George sera revenu.

Une heure plus tard, les trois cousins rentrent dans la cuisine, épuisés, glacés et le nez humide. George n'y est pas. Il fait froid : la cuisinière à bois s'est éteinte. Alex ranime le feu, Julia prépare du thé et des croques, la nouvelle spécialité de l'île aux Grèbes. Quant à Bourdon, elle tourne surtout en rond en geignant.

– Mais comment ça se fait ? On a cherché partout, il nous a forcément entendus, sauf s'il se bouchait les oreilles ! Et il ne peut quand même pas avoir quitté l'île, si ? Va ramer avec tous ces blocs de glace, et s'il y avait eu un bateau à moteur, on s'en serait aperçus.

– Peut-être que quelqu'un est passé en montgolfière et l'a attrapé au vol ? lance Alex.

– C'est pas drôle, répond Julia sèchement. Ne commence pas, ou je vais m'imaginer des tas de trucs affreux, du genre qu'il est tombé à l'eau et s'est noyé, ou qu'il est mort de froid quelque part !

– Tu as raison, ce n'est pas le moment de plaisanter, pardon, s'excuse Alex. Mais c'est plus fort que moi, j'ai l'impression que George va sortir tout d'un coup de derrière une porte en criant « Bouh » ! J'ai du mal à croire qu'il ait vraiment disparu.

– C'est comme dans mon poème, dit Bourdon. « Dix petits cousins étaient sur une île. Mais l'un n'est plus là... Il cherchait le chat... »

– Mais au fait, Bourdon ! Où est Chatpardeur ? Il était avec nous dehors, tout à l'heure, j'en suis sûre ! s'exclame Julia. Est-ce qu'il aurait suivi George ? Ou l'inverse ? En s'apercevant de l'absence de Chatpardeur, il serait parti à sa recherche ?

– Finalement, on n'a jamais réussi à savoir comment Chatpardeur a fait pour sortir et entrer dans la tour du pilote, l'autre jour, souligne Alex. George a peut-être voulu mener sa petite enquête tout seul ? Il faut qu'on aille voir dans la tour !

– Chatpardeur me manque, déclare Bourdon d'un air désespéré. Je sais bien qu'il a l'habitude de se balader comme il veut, mais dans une maison où il y a un chat, quand il n'y en a plus, c'est tellement... Tellement vide, vous voyez ce que je veux dire ?

– On comprend, assure Julia. Mais puisque tu crois aux fantômes et aux phénomènes surnaturels, dis-toi qu'il est forcément quelque part, tout près d'ici ! Qui aurait l'idée de kidnapper un chat ? Ou de le voler ? À la rigueur un beau chat siamois de pure race, mais pas un matou criard et braillard comme Chatpardeur ! Et encore plus bizarre : qui aurait l'idée de kidnapper un garçon comme George ?

Bourdon se lève, menaçante, les sourcils froncés et les poings fermés.

– Criard et braillard ? Tu crois que je vais supporter que tu parles comme ça de mon chat...

– Calme-toi ! répond Julia. Tu sais bien que je l'adore autant que toi ! J'aime bien George aussi, d'ailleurs. Il faut qu'on perce le mystère, si on arrive à savoir comment Chatpardeur s'est retrouvé dans la tour, on aura peut-être une piste qui nous mènera jusqu'à George !

Chapitre 13
Drogué à la saucisse ?

Alex, Julia et Bourdon se munissent de plusieurs lampes de poche, enfilent de nouveaux blousons et bonnets, et Julia emporte la grosse clé de la tour du pilote. Ils traversent la cour en se tenant aussi serrés que possible et en surveillant bien les alentours. Tout semble normal.

– Pourquoi tu as pris la clé de la tour, Julia ? lui demande Alex. Hier, c'était ouvert.

Julia hausse les épaules.

– Ça ne t'a pas effleuré qu'on y aurait peut-être enfermé quelqu'un ? murmure-t-elle.

Alex pousse la porte de la tour. Effectivement, elle est ouverte.

– Ouhou ! Il y a quelqu'un ? crie Julia en entrant prudemment.

Pas de réponse.

Mais dès qu'ils mettent les pieds à l'intérieur, les cousins constatent qu'il se passe ici quelque chose d'inhabituel. D'ordinaire, le rez-de-chaussée déborde de tout un bric-à-brac : de vieux meubles, du matériel de pêche, un tonneau, et les œuvres d'art conçues par Frida au fil des décennies. Or tout ça a été soigneusement rangé dans un coin, de manière à dégager le reste du plancher. Au milieu de la pièce trônent plusieurs sacs à dos, et sur un guéridon sont posés une bouilloire et un carton qui semble contenir des conserves.

Les trois cousins font les yeux ronds.

– Quelqu'un habite ici ? chuchote Bourdon. Tout près de chez nous ?

– Venez, on va voir les autres étages ! lance Alex, la mine sombre.

En réalité, il se sent moins courageux qu'il ne voudrait le laisser paraître.

Les cousins gravissent prudemment l'escalier métallique en colimaçon qui mène aux chambres où ils logent en été.

Au premier, rien n'a changé, en tout cas à première vue. Les lits superposés sont toujours là... Mais voilà qu'ils sont couverts de sacs de couchage qu'ils n'ont jamais vus ! Pourtant, Frida rapporte toujours à la maison les draps et les couvertures au début de l'automne, pour éviter de les retrouver humides ou piqués. Apparemment, des inconnus ont pris possession des lits.

– George ! appellent de nouveau les cousins. Il y a quelqu'un ?

Personne ne répond. Un silence de mort règne dans la tour.

À l'étage suivant, tout leur semble comme d'habitude... Sauf un autre sac de couchage sur l'un des lits !

– Chut ! fait soudain Julia. Je crois que j'ai entendu quelque chose !

– Et ce grincement, là ? renchérit Bourdon.

Ils tendent l'oreille. Mais tout est redevenu silencieux... Leur imagination leur jouerait-elle des tours ?

Bourdon prend une grande inspiration et monte les dernières marches menant à la pièce vitrée, pose la main sur la poignée de la porte. Elle est fermée à clé.

– Chatpardeeeuuur ! Geoooorge ! appelle-t-elle.

Et elle cogne si fort contre la porte avec sa canne de croquet qu'elle manque de perdre l'équilibre et de dégringoler dans l'escalier. Mais aucune réponse ne leur parvient. Pas même un cri de souris.

– Venez voir ! s'écrie tout à coup Alex.

Il a ouvert l'un des tiroirs du petit bureau installé sous la fenêtre. À l'intérieur se trouve une boîte en fer noire qui ressemble à la caisse d'un magasin. Alex farfouille dans le tiroir et finit par y trouver une petite clé qui s'adapte à la serrure de la cassette. Les cousins retiennent leur souffle lorsqu'il l'ouvre.

La boîte déborde de billets. Des coupures de cent couronnes, surtout.

Julia se met à compter l'argent.

– Il y a plus de deux mille couronnes ! dit-elle. Qu'est-ce qui se trafique par ici ?

– J'en sais rien, mais je ne crois pas qu'on puisse faire grand-chose de plus ! répond Alex. Le mieux, c'est de laisser ces sous ici.

Ils redescendent et referment la porte de la tour. Julia donne un tour de clé.

– Tu fais bien ! approuve Bourdon. Comme ça, personne ne pourra ni entrer ni sortir.

Une fois de retour à la maison, les trois cousins s'installent dans la cuisine et écoutent la radio, pendant qu'Alex réchauffe le chocolat. C'est l'heure de l'émission sportive, consacrée à l'équipe de foot locale. Julia s'impatiente de ces blablas interminables sur des corners, des têtes et des tirs comme des « boulets de canon ».

– Allez ! soupire-t-elle. Allez, allez, allez, quoi !

Et comme s'il l'avait entendue, le journaliste conclut :

« Voilà en ce qui concernait le match sensationnel de ce samedi ! Passons maintenant aux informations.

« Merci, répond un présentateur. Tout d'abord, les dernières nouvelles concernant les quatre mystérieuses disparitions qui nous tiennent en haleine depuis presque trois jours. Commissaire Bengtsson, avez-vous du nouveau ?

« – Mais oui, clame le commissaire, d'une voix pleine de satisfaction. Nous n'avons plus affaire à quatre disparitions, mais à trois ! Il y a quelques heures, le plus jeune des adolescents, Patrick Jönsson, âgé de douze ans, est revenu chez lui ! D'après ses heureux parents, il s'est montré très peu bavard et assez perdu depuis son retour. Sa mère, Elsa Jönsson, soupçonne qu'il ait été drogué, parce qu'il n'a aucun souvenir de la personne qui l'aurait enlevé, ni de la raison qui aurait pu expliquer son départ avant-hier. Mme Jönsson, qui se trouve d'ailleurs à mes côtés dans ce studio... Vous pensez donc, madame, que des inconnus auraient drogué Patrick avant de le kidnapper ?

« – Oui, répond cette femme d'une voix qui perce les oreilles. Quelqu'un a dû lui faire ingurgiter un somnifère ! Patrick n'est pas du genre à suivre n'importe qui. C'est un garçon raisonnable !

« – Mais comment cela se serait-il passé, d'après vous ? l'interroge le journaliste. »

Pendant un instant, plus aucun son ne sort de la radio, puis Elsa Jönsson murmure un mot qui ressemble à « saucisse ».

« Parlez un peu plus fort, s'il vous plaît ! Dans le micro, juste là. Vous avez dit "saucisse" ?

« – Eh bieeeen... Patrick adore les saucisses, explique la femme. Si quelqu'un lui en a proposé une empoisonnée, mon fils ne lui a certainement pas dit non...

« – Mais pourquoi quelqu'un aurait-il eu l'idée de droguer Patrick à la saucisse, et où se trouvait-il pendant ces trois jours ? lance le reporter, avant d'enchaîner : Mais il est l'heure, à présent, de parler météo. »

Alex éteint la radio et regarde les deux filles.

– Vous croyez que c'est ce qui est arrivé à George ? Qu'il est dans les vap', là, quelque part, à cause d'une saucisse bourrée de somnifères ?

– Je trouve ça débile ! répond Julia. George est intelligent, il n'accepterait jamais de la nourriture donnée par un inconnu, surtout pas en ce moment. Et puis, la grande question, c'est toujours de savoir POURQUOI ! Qu'est-ce que

George a de spécial, qui pourrait intéresser des ravisseurs ? Où est-il ? Et où est Chatpardeur ?

– Et si on les avait enlevés pour faire des expériences médicales ? dit soudain Bourdon, avec un regard terrifié. Ils ont peut-être drogué ce Patrick pour lui effacer la mémoire... Et kidnappé George pour l'obliger à peindre quelque chose qui aurait beaucoup de valeur, ou alors...

– Ohé ! Tu te crois dans un film d'espionnage ? se moque Julia.

– Mais... poursuit Bourdon en frissonnant, j'ai lu que les méchants, enfin, les ennemis, enfermaient des gens dans des petites cellules où ils ne pouvaient voir personne pendant des années... Et ensuite, on leur fait du lavage de cerveau jusqu'à ce qu'ils craquent et qu'ils ne se contrôlent plus. Et ils deviennent des zombies !

– Si tu n'arrêtes pas ton délire, c'est moi qui vais te faire subir des expériences médicales ! menace Alex, les sourcils froncés. Il n'y a plus rien à faire ce soir, à part dormir. On continuera à chercher demain, quand il fera jour. Et si George et Chatpardeur ne sont pas revenus, on tirera les fusées de détresse !

Chapitre 14
Trois petits cousins

Le lendemain, les trois cousins rescapés prennent un petit-déjeuner rapide et frugal. Ensuite, Julia aménage un poste de surveillance à la fenêtre qui donne sur la tour. Grâce à un épais voilage, on peut regarder à l'extérieur sans être vu. Elle s'assoit et annonce aux autres :

– Je fais le guet en premier pendant que vous explorez l'île. Je serai à mon poste jusqu'à midi !

– En premier? répète Bourdon. Tu te prends pour qui? Et ça veut dire que nous aussi, on devra rester planté là tout à l'heure?

– Tu n'as toujours pas compris? s'impatiente Julia. On a vu de nos propres yeux que des gens ont fait le bazar dans la tour! On doit monter la garde et se préparer à ce qu'ils se montrent.

– Peut-être qu'ils sont déjà partis? suggère Alex. Et puis, on est vraiment sûrs que ce n'est pas Frida qui a acheté tous ces sacs à dos? Elle pourrait avoir une idée derrière la tête, former une équipe de randonneurs en montagne ou je ne sais quoi!

– Mais réveillez-vous! rétorque Julia. Imaginez qu'on vive à deux doigts d'une bande de kidnappeurs. Pas impossible qu'ils aient enlevé George et Chatpardeur! Ils ont disparu, je vous signale! Vous ne pensez quand même pas que George est sorti sans nous prévenir et qu'il s'est promené toute la nuit pour s'amuser, si?

– Non, mais peut-être qu'il a pris son chevalet et qu'il s'est installé quelque part pour peindre, répond Bourdon.

– Dans le noir, avec toute cette neige ? Et Chatpardeur... Tu crois qu'il fait de la peinture quelque part ? Sérieux ! Si ce soir, on ne les a pas retrouvés, on tire les fusées de détresse.

– Youpiiii ! s'exclame Bourdon. Tous ensemble, pas vrai ?

– On verra ! Pour l'instant, je monte la garde ici avec les énormes jumelles de Frida. Vous, vous sortez contrôler les environs, les yeux et les oreilles grands ouverts. Criez et faites-vous remarquer, histoire que George vous entende s'il est tombé quelque part et qu'il ne peut pas répondre parce qu'il est blessé !

Bourdon et Alex obéissent. Ils commencent par jeter un coup d'œil dans la tour, mais tout est silencieux et il n'y a aucune trace de pas à l'entrée. Puis ils font le tour de l'île, sans trouver le moindre signe de vie nulle part. Avec la neige qui recommence à tomber, ils perdent espoir et ne tardent pas à rentrer.

Julia, enroulée dans une couverture, n'a pas bougé de son poste.

– Je t'en supplie, Alex, fais-nous un bon petit plat ! s'écrie-t-elle. Je vais bientôt tomber dans les pommes !

Conscient que les rescapés doivent garder le moral, Alex s'attaque tout de suite à sa mission « Préparer un bon petit plat ». Il s'affaire sous l'œil attentif de Bourdon.

– N'oublie pas que je ne mange PAS d'animaux ! lance-t-elle.

– Pourquoi ? demande-t-il.

– Devine ! rugit-elle. C'est triste d'être mangé. Tu aimerais bien, toi, qu'on te dévore ?

Alex hausse les épaules. Il n'a pas vraiment l'habitude de cuisiner des plats végétariens. Mais en même temps, les défis culinaires, il a toujours trouvé ça intéressant ! En entrée, il leur prépare ses frites divinement savoureuses accompagnées d'une sauce incomparablement succulente. Bourdon se lèche déjà les babines... Pour le plat principal, il mitonne une soupe à l'oignon avec des croûtons et du fromage, et en dessert, il fait sauter des crêpes qu'il remplit de toutes sortes de garnitures aux fruits.

Bourdon mange à s'en faire éclater le ventre.

– Ooooh ! s'exclame-t-elle. Quel régal ! Tu vois que c'est encore meilleur sans viande. Tu as sauvé la vie d'une vache, ou d'une demi-vache !

Alex s'empresse de servir Julia, qui monte encore la garde à la fenêtre.

– J'espère que tu en as gardé pour George, dit-elle. Il peut réapparaître à tout moment. C'est obligé, ajoute-t-elle en affichant un sourire.

Mais elle a les lèvres qui tremblent. Elle ne veut pas montrer à quel point elle est inquiète.

– Bon ! finit-elle par reprendre. Il faut faire quelque chose. Lançons une ou deux fusées de détresse, c'est la seule solution ! On dirait bien que ni George ni Chatpardeur n'ont l'intention de revenir et la nuit commence à tomber.

– Je vais chercher les fusées ! enchaîne Bourdon. Je sais où elles sont rangées dans le vieux phare !

– Non ! intervient Alex. N'y va pas toute seule, surtout pas ! On avait dit qu'on le ferait ensemble.

– Mais qui va surveiller les environs pendant ce temps-là ? demande Julia. Allez-y tous les deux et moi, je reste à mon poste. Je vais m'enfermer dans la maison pour que personne ne puisse entrer. Alex, prends ma poêle à frire !

Alex esquisse un sourire en coin. Il n'a pas l'habitude de se défendre à coups d'ustensile de cuisine.

– OK ! déclare-t-il. Mais promets-moi de ne pas jouer les héroïnes, Julia ! Même si tu vois George ou je ne sais qui. N'ouvre à personne !

Alex s'empare de la poêle et Bourdon de son maillet de croquet, avant de prendre la direction du phare.

Julia ferme la porte à double tour derrière eux. Elle éteint toutes les lumières pour bien voir dans le noir qui règne à l'extérieur, puis se rassoit à la fenêtre avec sa radio. Après une émission sur la pêche et les informations internationales arrivent les dernières nouvelles des disparitions :

« L'affaire des adolescents disparus connaît un rebondissement sensationnel ! annonce la voix qui crépite dans les haut-parleurs. Quelqu'un semble avoir contacté la famille de Jenny Magnusson, quatorze ans, disparue depuis quelques jours. Voilà vingt-quatre heures que Karl Crayon, journaliste spécialisé dans les faits divers, guettait depuis sa voiture les allées et venues devant la maison des parents de la jeune fille. Notre équipe l'a interviewé en exclusivité ! »

Le micro crachote, puis une voix d'homme déclare :

« Oui, je me disais que si le jeune Patrick était rentré, les autres en feraient peut-être autant. J'ai donc décidé de surveiller le domicile de Jenny Magnusson. C'est elle qui avait dit qu'elle était chez une amie, le jour de sa disparition, souvenez-vous.

« – Et vous avez découvert quelque chose, monsieur Crayon ?

« – Ça oui ! répond le journaliste d'un ton satisfait. À six heures du matin, une ombre s'est approchée de la maison. Je m'apprêtais à me précipiter sur cet individu pour l'arrêter, vous pensez bien ! Mais il s'est immobilisé devant la boîte aux lettres, y a glissé une enveloppe et s'est enfui avant que je puisse intervenir.

« – Comment savez-vous que ce n'était pas simplement le facteur ou quelqu'un qui distribuait des tracts ? lui demande son confrère. »

Karl Crayon lâche un rire rauque et hautain.

« Eh bien, parce que les facteurs ne se faufilent pas chez les gens à six heures du matin avec un cache-nez ! Et qu'en général, ils ont plus d'une lettre dans les bras, pardi !

« – Merci, monsieur Crayon ! Nous allons maintenant essayer de contacter la famille Magnusson pour en savoir plus sur ce courrier ! Nous en reparlerons dans notre édition du soir, à ne surtout pas manquer ! »

Mais soudain, Julia croit entendre un bruit. Elle a pourtant bien fermé à clé… Alex et Bourdon seraient-ils déjà de retour avec les fusées ? Elle éteint la radio et tend l'oreille. Qu'est-ce qui gratte ainsi à la porte de service ? Elle se lève et marche vers la cuisine.

Alex et Bourdon reviennent du phare à pas lourds, chargés d'un grand carton.

– Ne te fais pas trop d'illusions pour ces fusées, dit Alex. Elles ont l'air super vieilles et tout humides !

– Qu'est-ce que… ? balbutie Bourdon en s'arrêtant brusquement. Il y a de la lumière dans la cuisine et la porte de service est grande ouverte ! Qu'est-ce qui s'est passé ? Julia ? Juliaaaaa ?

Mais Julia ne répond pas. Alex et Bourdon se précipitent à l'intérieur de la maison et appellent de toutes leurs forces. Aucune réponse.

Bourdon saisit soudain son cousin par le bras, l'index pointé par terre.

– Regarde ! murmure-t-elle.

Chapitre 15
Plus que deux...

Bourdon tremble de la tête aux pieds.

– Tu vois, Alex ? chuchote-t-elle en montrant du doigt un coussin jeté par terre. Du sang ! Ça vient forcément de Julia ! Qu'est-ce qui s'est passé ? On lui avait pourtant dit de n'ouvrir à personne !

Elle commence à sangloter.

Alex fait le tour de la maison en appelant sa cousine. Mais elle ne lui répond pas.

– Son manteau a disparu ! s'écrie Bourdon, après avoir jeté un coup d'œil au portemanteau de l'entrée. Au moins, elle ne va pas mourir de froid. Et je ne vois pas non plus ses chaussures... Qu'est-ce qu'on fait, Alex ?

– Peut-être qu'elle est juste partie, bredouille Alex. Mais si elle a été enlevée, c'est le moment de tirer les fusées de détresse !

Les deux cousins trimballent le carton dans la cour. Alex monte la première fusée sur une espèce de tube, puis il sort une boîte d'allumettes, en craque une et porte la flamme sur l'embout.

Rien.

Il réessaie avec une autre. Toujours rien.

Dans le carton, Bourdon trouve une notice qu'elle se met aussitôt à lire.

– Écoute ! dit-elle à Alex. « Si les fusées sont humides ou trop anciennes, elles ne pourront pas monter assez haut dans le ciel. Elles risquent de retomber et de blesser les passants, voire de continuer à brûler à terre. De tels dysfonctionnements peuvent provoquer des incendies de forêt. »

– Aucun danger avec cette satanée fusée ! rétorque Alex d'un ton sec. Je n'arrive même pas à l'allumer ! Je parie qu'elle croupit dans le phare depuis plus de trente ans, avant même que le gardien s'y soit installé...

– Ça veut dire qu'on n'a aucun moyen de joindre l'extérieur, conclut Bourdon. Ni avec nos portables ni avec rien ! On n'a plus qu'à attendre gentiment que ceux qui ont enlevé Chatpardeur, George et Julia viennent nous cueillir comme de jolies petites fleurs !

– Mais pourquoi ? s'exclame Alex. On a affaire à un kidnappeur fauché ou à un tueur en série ? Dans le cas d'un kidnapping, on devrait recevoir une lettre avec une demande de rançon. Les meurtres en série, par contre, c'est juste pour le plaisir d'effrayer les gens.

– TAIS-TOI ! Je ne veux pas que quelqu'un m'assassine pour rigoler !

– Viens ! reprend-il. Je pense qu'il vaut mieux qu'on rentre, qu'on fouille la maison de fond en comble et qu'on verrouille toutes les portes et les fenêtres. Ensuite, on dormira et on montera la garde à tour de rôle. Je ne vois pas ce qu'on peut faire d'autre.

Tandis qu'ils se hâtent de rentrer, Bourdon déclare :

– Ce qui est sûr, c'est que Julia ne serait jamais partie sans moi. Je le sais ! Mais ce sang sur le coussin ? Elle est blessée, tu crois ?

– Moi, je sais autre chose, ajoute Alex. Ici ou ailleurs, personne ne nous cherchera. Ni tes parents en Inde, ni Frida en Islande, ni la mère de George en tournée va savoir où. On ne peut pas non plus compter sur mes parents, ils ne m'appellent jamais quand je suis chez Frida. Et même s'ils le faisaient, ils tomberaient sur mon répondeur et se diraient qu'on s'amuse tellement tous ensemble que j'ai oublié mon portable au fond de mon sac.

– Ça arrive, les gens qui sont retrouvés chez eux six mois après leur mort, sanglote Bourdon. J'ai déjà lu des histoires de ce genre.

– Mais ça ne concerne jamais une bande d'enfants partis quelques jours pour Noël, fait remarquer Alex. Dans une semaine, si on n'a toujours pas donné de nouvelles et qu'on n'arrive pas à l'arrêt de bus où nos parents sont censés nous récupérer, ils appelleront la police et remueront ciel et terre pour nous retrouver. Et avec toute cette nourriture, on peut tenir longtemps.

– Je tiendrais même sans une miette de pain ! affirme Bourdon. Tout ce que je veux savoir, c'est ce qui est arrivé à ma sœur, à mon cousin et à mon chat ! D'où vient ce sang ? Et ces bruits bizarres qu'on a cru entendre dans la tour ? Je n'ai plus qu'à prendre mon maillet et à...

– Non, ne fais pas ça ! Tu t'attaquerais à qui, hein ? À moi ? C'est déjà arrivé, d'ailleurs... Il doit bien y avoir UN moyen de joindre le continent !

Alex marque une petite pause, puis reprend :

– Demain, je te promets de trouver *Le Grèbe*, le vieux voilier de Frida, et de voir s'il peut nous emmener quelque part. Et puis, je viens d'avoir une idée ! On peut se mettre sur le ponton et faire un feu avec tous ces cartons et ce fourbi. Peut-être que Karl Crayon ou Taximaxi verront les signaux de fumée et se demanderont ce qui se passe. Viens, on essaie tout de suite ! Allez, Bourdon !

Les deux cousins rassemblent ce qui leur semble inflammable et emportent le tout dans un grand panier sur le ponton. Alex commence par empiler quelques bûches de bouleau piochées dans le tas de bois de leur tante, avant d'y mettre le feu, puis d'y jeter leurs trouvailles. En voyant les flammes qui s'élèvent jusqu'au ciel, Bourdon prend peur.

– Et si tout le ponton brûle ? demande-t-elle à Alex en lui tirant le bras.

Il lâche un rire.

– Mais Bourdon ! Tu ne vois pas qu'il est en pierre ? Crois-moi, c'est du solide. J'ai déjà vu un bateau-pilote accoster juste ici.

– Ah oui, c'est vrai, bredouille-t-elle, gênée.

Alex et Bourdon scrutent nerveusement le continent. Au bout d'une demi-heure, il se remet à neiger. Le feu est mort depuis un moment, mais ils restent quand même avec l'espoir d'entendre le ronronnement du moteur de Taximaxi. Malheureusement, aucun bruit ne vient perturber le silence.

Ils ont beau voir les lumières d'Östhamn, impossible de donner l'alerte.

– Les gens se disent qu'on fait un barbecue, soupire Alex. Personne ne se demande ce qui se passe.

– J'ai une idée ! s'écrie Bourdon. Si on n'a aucun moyen normal d'appeler à l'aide, on n'a qu'à demander aux êtres surnaturels !

Alex lui lance un regard sévère.

– Bourdon, tu crois vraiment que tu es capable d'invoquer les démons ?

– Chuuuut ! Qu'est-ce que tu en sais, c'est peut-être eux, les coupables ! Ils sont super dissipés, à ce que j'ai compris ! Et puis, tout existe sur terre, nan ?

– Hors de question de me retrouver coincé sur une île avec ma petite cousine qui a perdu la boule et qui croit aux démons ! s'exclame Alex. Redescends de ta planète, Bourdon !

– T'as pas le choix ! réplique-t-elle. À moins d'un miracle, aucun de nous ne s'échappera d'ici ! J'ai une liste de choses à faire pour savoir si un endroit est infesté de forces surnaturelles, de démons, d'esprits et tout. Je vais m'en servir, tu ne m'en empêcheras pas !

Alex secoue la tête, puis il suit sa cousine qui remonte déjà vers la maison. Une fois tous les deux à l'intérieur, ils ferment la porte à double tour derrière eux.

– Voyons voir, dit Bourdon quelques minutes plus tard, en feuilletant un livre. « Comment savoir si une maison est infestée ? Premier signe : vous sentez des odeurs étranges qui vous rappellent un proche qui serait passé dans l'autre monde et qui chercherait à entrer en contact avec vous. » Mais oui ! Cette odeur d'œuf pourri, là, ça me rappelle un peu papy quand il erre d'une pièce à l'autre en proutant...

– ARRÊTE ! rugit Alex. D'abord, papy n'est pas mort, et puis... C'est juste que je viens d'aller aux toilettes, ajoute-t-il d'un ton embarrassé.

Bourdon tourne la page et poursuit :

– « Si des événements inexplicables se produisent chez vous, il est possible que l'ancien propriétaire des lieux tente de se manifester. » Mais oui ! Le lampadaire, là... Il s'est allumé tout seul à l'instant.

Alex pousse un soupir.

– C'est moi qui l'ai branché et l'interrupteur était enclenché, explique-t-il. Ça n'a rien d'étrange. Bon allez, c'est l'heure de dormir. La nuit porte conseil, comme on dit.

– D'accord, fait Bourdon. Je trouverai un petit démon à apprivoiser demain matin, pour que tu voies ! Par contre, je n'ai vraiment pas envie de dormir toute seule. Tu peux tirer ton matelas vers la porte, Alex ? C'est tellement vide, depuis que Chatpardeur a disparu. Et Julia, évidemment !

Aussitôt dit, aussitôt fait : tous les deux s'installent et se couchent.

Au beau milieu de la nuit, Bourdon se réveille et se redresse sur son lit. Un instant plus tôt, elle rêvait que le Joueur de flûte la poursuivait avec une cage gigantesque et son instrument de musique dans la poche. Elle est soulagée de se trouver là, bien au chaud dans le lit de Frida. Si ce type réapparaît, on pourra toujours se cacher dans le placard, se dit-elle.

Mais soudain, elle remarque qu'il règne un silence étrange dans la maison.

– Alex ? murmure-t-elle. Tu dors ?

Aucune réponse.

Elle bondit de son lit et allume la lumière.

Le matelas d'Alex est vide.

Chapitre 16
Seule au monde !

Bourdon fixe des yeux le matelas placé à l'entrée de la cuisine, où son cousin s'est endormi quelques heures plus tôt.

– Alex ? Alex ? bredouille-t-elle.

Pas de réponse.

Un grand plaid est roulé en boule sur le matelas. Bourdon a beau savoir que jamais le corps de son cousin ne rentrerait là-dessous, elle envoie des coups de pied dans l'espoir de le toucher. Le cœur battant, elle attrape les deux coins de la couverture et la soulève. Personne. Un matelas, un drap et un oreiller, c'est tout. Alex s'est volatilisé !

Quelle heure peut-il être ? Et s'il s'était simplement levé pour préparer le petit-déjeuner ?

Bourdon entre dans la cuisine. La pièce a beau être plongée dans le noir, elle voit bien que son cousin n'est pas en train de préparer ses fameux croques.

Elle saisit la poignée de la porte de service. Fermée comme prévu. Mais le verrou est vieux et fragile, Bourdon le sait bien. Avec un peu d'adresse et un clou ou une épingle à cheveux, n'importe qui pourrait la crocheter.

Elle se faufile dans l'entrée pour contrôler la porte principale. Verrouillée.

Pourtant, Alex n'apparaît nulle part. Comme les autres, il est introuvable. George, Chatpardeur, Julia et maintenant Alex. Disparus, envolés. Que va-t-elle devenir, seule sur l'île aux Grèbes ?

Les sourcils froncés, Bourdon essaie de se représenter ses cousins. Alex qui siffle joyeusement dans la cuisine en faisant des crêpes.

George, perché sur un rocher derrière son chevalet, qui regarde sa toile d'un air pensif en mordillant le bout de son pinceau. Sa grande sœur, avec son béret de travers sur la tête et son écharpe nouée négligemment autour du cou. Et puis Chatpardeur, avec son pelage touffu et multicolore, qui miaule haut et fort pour s'exprimer dans sa langue de félin.

Tous ont disparu les uns après les autres. Comme dans le poème qu'elle a écrit.

Peu à peu, elle comprend le sérieux de la situation. Elle ne peut ni passer un coup de téléphone, ni quitter l'île, ni attirer l'attention sur elle. L'expérience du feu et des fusées de détresse lui a prouvé que c'était impossible. Or personne ne sait que les autres ont disparu. La voilà seule au monde. Elle ne pourra même pas mettre à l'eau le vieux bateau de Frida, comme Alex l'avait suggéré. Quant aux démons... C'était surtout un moyen de faire enrager son cousin.

Et puis, l'idée que quelqu'un rôde sur l'île est loin de la rassurer. Qui ça peut être ? Des kidnappeurs ? Le mystérieux Joueur de flûte ? Le fameux MAT ?

Au-dehors, l'aube commence à poindre. Bourdon a le ventre creux. Elle sort du pain, du beurre et du fromage, et se prépare une misérable tartine toute froide. Rien à voir avec les délicieux croques d'Alex. Au bout de quelques bouchées, elle n'a déjà plus d'appétit.

Que va-t-elle devenir seule sur une île, sans la moindre compagnie, sans le moindre cousin ? Quand le Joueur de flûte viendra-t-il l'attraper ?

Sans les autres, plus rien ne lui semble intéressant. Ni les recettes de Noël, ni les décorations, ni aucun jeu.

Plus les minutes passent, plus elle s'apitoie sur son sort. Comment en est-elle arrivée là ? Dire que c'est bientôt le réveillon... Et Alex ? Comment a-t-il pu disparaître sans qu'elle se réveille ? Elle dort souvent comme une souche, mais quand même ! Est-ce qu'il est sorti en pyjama, ou l'y a-t-on forcé ?

Elle retourne dans la cuisine, allume la lumière et balaie la pièce du regard.

Là ! Voilà les vêtements d'Alex jetés en boule sur une chaise, mais pas une trace de son pyjama.

Dans l'entrée, elle trouve son blouson, mais pas ses chaussures. Quelque chose doit l'avoir tiré du sommeil et incité à sortir. Peut-être qu'il a cru voir un des autres et qu'il s'est précipité dehors.

Bourdon médite un long moment.

Puis elle se recouche et essaie de se rendormir. Tout paraît souvent plus limpide à la lumière du jour. Mais elle n'arrive pas à fermer l'œil. Elle ne tarde pas à se relever et à s'habiller.

– Je ne vais pas me tourner les pouces en attendant que quelqu'un me kidnappe ! marmonne-t-elle. Et si quelqu'un s'apprête vraiment à m'enlever, je veux au moins avoir une tenue correcte sur les épaules !

Elle va dans la cuisine et allume la radio. La météo marine ne lui remonte pas franchement le moral.

Mais soudain, elle croit entendre un bruit qu'elle connaît bien. Serait-ce le fruit de son imagination ? Elle tend l'oreille et écoute attentivement, louchant tant elle se concentre.

Aucun doute : un miaulement, quelque part au loin ! Chatpardeur !

Bourdon se précipite dans l'entrée et saute dans ses bottes. Puis elle se fige en plein mouvement.

Et si c'était un piège ? Et si c'était exactement ce qu'Alex avait entendu cette nuit, le poussant à enfiler ses chaussures et à se jeter dans la gueule du loup ?

Miiiaaaaooou !

Bourdon réfléchit un instant.

À quoi bon rester enfermée dans la maison ? Son chat lui manque terriblement.

Les mâchoires serrées, elle déverrouille la porte et jette un coup d'œil prudent par l'embrasure.

Mais si ! C'est bien Chatpardeur, cette flèche multicolore qui traverse la pelouse en rugissant.

Miiiaaaaoooooouuuuuuu !

Bourdon ouvre en grand. L'animal fonce droit sur elle, puis exécute un bond de géant. Il atterrit dans ses bras, manquant de la faire tomber à la renverse.

Elle le serre tendrement, puis s'assoit et le cajole un long moment. De toute évidence, le chat et sa maîtresse se sont manqué autant à l'un qu'à l'autre.

Bourdon finit par le poser sur le perron, dans l'espoir qu'il la mène vers les autres. Mais l'animal se glisse à l'intérieur de la maison. Manifestement, il n'a aucune envie de retourner là d'où il vient.

– Si seulement tu pouvais parler, Chatpardeur ! soupire-t-elle.

– Aauuuyyia ! Miiaaaaaou ! fait le chat furieusement, l'air de dire : Comment ça ? Évidemment que je sais parler ! C'est ma faute si les humains sont trop bêtes pour comprendre ?

Chapitre 17
Le fantôme blanc

– Bon, ça ne sert à rien de s'enfermer dans cette maison et de paniquer ! dit Bourdon tout haut, après avoir longuement câliné son chat. Ce serait donner le mauvais exemple à Chatpardeur.

Le soleil, qui s'est enfin levé, annonce une belle journée d'hiver. Le givre, dont tous les arbres sont recouverts, scintille à la lumière. Bourdon va dans la cuisine et fouille distraitement dans le carton de provisions, entre les sacs et les paquets de nourriture. Un petit-déjeuner sans cousins ni crêpes, c'est sûr que ce n'est pas rigolo. Heureusement qu'elle a son animal de compagnie pour se consoler. Elle le prend sur ses genoux et lui lisse le poil, tout en essayant de résumer la situation.

– Alors, marmonne-t-elle. Je ne peux pas m'échapper d'ici, je ne peux pas passer un coup de fil ni écrire d'e-mail parce qu'il n'y a pas de réseau, et... je ne peux envoyer de lettre. Personne ne risque non plus de venir nous rendre visite. Donc, je suis coincée ici jusqu'au 24 décembre. À ce moment-là, si le père Noël passe dans le coin, je pourrai au moins discuter du problème avec lui...

Soudain, Chatpardeur se redresse sur ses pattes, les oreilles aux aguets.

– Qu'est-ce qu'il y a ? lui demande Bourdon. Tu entends quelque chose ?

– Mééééaaaaaooouuuu, fait Chatpardeur en sautant par terre.

Il se poste près de la porte de la cuisine et écoute, la queue fouettant le vide.

Bourdon tend à son tour l'oreille. Au bout de quelques secondes, elle croit percevoir au loin le ronronnement d'un moteur. Mais le bruit est tellement faible qu'elle pourrait très bien se l'imaginer.

– Avec toi à mes côtés, je n'ai plus peur, déclare-t-elle en se levant. Je sais que tu donnerais ta vie pour moi.

Elle attrape sa doudoune et sa chapka. Comme chaque fois, Chatpardeur se met à feuler. Il a l'air de prendre le bonnet pour un rival qui aurait trouvé la meilleure place sur la tête de sa maîtresse.

Bourdon entrouvre prudemment la porte. Rien à l'horizon. La voie est libre.

Ils traversent tous les deux la cour, puis passent la barrière.

– Je propose qu'on fasse une nouvelle battue ! dit Bourdon. Grâce à la neige fraîche, on verra peut-être des empreintes. On commence par la forêt ?

La forêt est en fait un petit bois qui couvre la partie nord de l'île, près de la grande plage de sable fin. Entre les arbres, il y a des rochers qui offrent une vue dégagée sur les environs. Et aussi une caverne, une vraie grotte naturelle assez grande pour que les cousins s'y cachent tous, comme ils l'ont déjà fait lors de leurs aventures précédentes.

– Direction la caverne ! annonce Bourdon à son chat. En marche !

Elle va d'un bon pas vers la forêt, avec Chatpardeur sur les talons. En arrivant à l'entrée de la grotte, elle ne repère aucun indice sur le tapis blanc. Si quelqu'un est passé par là ces derniers jours, la neige a recouvert ses traces.

L'intérieur est vide. Personne ne semble avoir mis les pieds ici depuis l'été.

Bourdon pousse un soupir, soulagée qu'une bande de malfaiteurs ne surgisse pas pour la capturer.

– Mission suivante : inspecter les environs du haut de la montagne ! lance-t-elle d'un ton autoritaire à son chat. En marche !

Elle se figure que Chatpardeur est son petit soldat, qu'il doit se mettre au garde-à-vous et obéir à ses ordres. En guise de salut militaire, un petit mouvement de queue lui suffit.

Ils rejoignent l'amas de rochers, un haut relief escarpé. Pour l'escalader, il faut s'aider des branches et ramper dans les passages les plus difficiles. Une fois au sommet, ils scrutent l'horizon. Rien à signaler.

– Regarde ! s'écrie soudain Bourdon.

Le chat se met à pousser des miaulements guerriers.

Au loin, une étrange silhouette apparaît entre les arbres. On dirait une femme vêtue d'une longue robe blanche et coiffée de ce qui ressemble à une couronne. Elle glisse lentement sur la neige, et porte un objet à bout de bras.

Bourdon secoue nerveusement la tête, les yeux plissés pour tenter d'aiguiser son regard.

Je rêve ? se dit-elle. Ou une créature merveilleuse s'est échappée d'un conte de fées ? Un ange, un elfe frileux qui hanterait l'île ?

Mais la silhouette disparaît brusquement derrière un bosquet. Bourdon et Chatpardeur dévalent aussitôt les rochers pour la rattraper. En arrivant là où ils l'ont aperçue un instant plus tôt, près d'un grand sapin, Bourdon s'accroupit et observe le sol.

La poudreuse est parcourue de traces légères. Des empreintes tellement délicates qu'il est difficile de voir dans quelle direction elles vont. Quelques mètres plus loin, elles se séparent en deux, mais un gros tas de neige tombé d'un arbre recouvre le tout.

– Rien à faire, murmure Bourdon. Au moins, ça prouve que cette créature est en chair et en os. À ce que je sais, les anges et les elfes planent dans les airs… Viens, Chatpardeur, on rentre !

À peine arrivée à la maison, en sueur et essoufflée après une course dans la neige fraîche, Bourdon se précipite dans la cuisine et allume la radio. Cette fois, elle a la chance de tomber pile sur les informations.

« … comme monsieur Karl Crayon l'a rapporté hier à l'antenne, la famille de Jenny a reçu une mystérieuse enveloppe. Celle-ci a été apportée au petit matin par un individu masqué, qui s'est ensuite volatilisé. Les parents de Jenny ont été entendus par la police, qui refuse de nous répondre. Le seul élément qui nous ait été communiqué, c'est que l'enveloppe contenait un modèle de tricot que la tante de Jenny aurait confié à sa sœur, la mère de la jeune fille. Notre équipe s'est rendue sur place pour l'interviewer :

« Madame Magnusson, déclare le reporter, confirmez-vous qu'un individu masqué est passé chez vous tôt dans la matinée pour glisser dans votre boîte aux lettres un modèle de tricot ?

« – Moui... marmonne la mère de Jenny.

« – Pensez-vous qu'il s'agissait de votre sœur ? Et dans ce cas, pourquoi se serait-elle montrée aux aurores, le visage couvert ?

« – Moui... Ma sœur a toujours été matinale... Et puis, elle a souvent froid au nez. »

– Pfff, fait Bourdon. Elle ment, ça s'entend à des kilomètres !

Mais alors qu'elle jette un regard par la fenêtre, ce qu'elle découvre la paralyse soudain.

Devant la barrière se tient la curieuse créature en robe blanche. Elle tend les bras devant elle, comme si elle s'apprêtait à étrangler quelqu'un.

Bourdon crie à pleins poumons.

Chapitre 18
Un quoi ?

La créature blanche reste figée près de la clôture. Manifestement, elle entend les hurlements qui s'élèvent de la maison.

En y regardant à deux fois, Bourdon remarque qu'au bout de ses bras pend... un sac. Un banal sac à dos !

Elle pousse un soupir de soulagement. Ni les fantômes, ni les elfes, ni les anges n'ont l'habitude de traîner leurs valises derrière eux. Elle a dû mal interpréter les choses.

Bourdon entrouvre la porte et passe la tête à l'extérieur. La créature lui adresse de grands signes.

– Ohé ! Bourdon ! N'aie pas peur, c'est moi !

Au bout de quelques secondes, Bourdon finit par reconnaître Regine, la demi-sœur de George, malgré sa longue robe blanche et sa couronne sur la tête. Elle l'a vue quelquefois, ces étés où Regine venait sur l'île pour apprendre à connaître son frère. Bourdon a gardé un bon souvenir d'elle, non seulement parce qu'elle joue de la trompette, mais parce qu'elle est championne de boxe dans son école, en Allemagne.

Cette fois, Bourdon ouvre en grand.

– Regine ! s'exclame-t-elle. C'est toi ? Bienvenue ! Entre vite, tu dois être gelée.

La jeune fille traverse la cour à petits pas prudents, puis pose son sac et embrasse Bourdon. Chatpardeur se hâte joyeusement dans l'entrée, se dresse sur ses pattes et se frotte en ronronnant contre ses genoux. Il a toujours aimé Regine. Elle éclate de rire et lui gratte la tête.

– Où sont passés les autres ? demande-t-elle. Où est-ce que je peux trouver mon frère ?

Bourdon fronce les sourcils.

– Tu vas avoir un choc, Regine, mais ma sœur, ton frère et Alex ont disparu.

– Comment ça ? Ils ne sont toujours pas arrivés ?

– Si si, ils étaient là. Mais ils ont disparu les uns après les autres...

– Et Frida ?

– Elle est en Islande.

– Mais... Mais... Tu ne les as pas vus depuis combien de temps ? balbutie Regine, déroutée.

– Ça dépend. Chatpardeur a commencé par disparaître il y a trois jours. Ensuite, c'était le tour de George avant-hier. Puis de Julia hier et enfin, d'Alex cette nuit.

– Il est pourtant là, Chatpardeur !

– Oui, il est revenu ce matin, répond Bourdon.

– Mais vous... tu n'as pas appelé la police ?

Bourdon lui explique l'histoire du chargeur tombé à l'eau, à cause de quoi aucun des cousins n'a pu charger son portable. Regine secoue la tête.

– C'est fou !

– Mais maintenant que tu es là, il n'y a plus de problème ! se félicite Bourdon. Prévenons la police illico presto.

Le visage de Regine s'assombrit.

– Malheureusement, si, il y a un problème... On devait fêter Noël chez Oma et Opa, bredouille-t-elle.

– Quels drôles de noms ! Ce sont des chiots ?

– Non, non, répond Regine avec un petit rire. Oma et Opa, ça veut dire Mamie et Papy en allemand. Ils habitent à Cologne et on avait prévu de les retrouver là-bas pour Noël. Mais Opa a eu une pneumonie et Oma avait besoin d'aide pour s'occuper de lui, alors ma mère y est allée plus tôt que prévu. Pour m'éviter des vacances un peu tristes, elle m'a dit d'aller en Suède, et elle m'a donné des sous pour le billet. J'en ai profité pour faire une petite surprise et passer vous voir sur l'île. Je savais que vous seriez tous là !

– Et alors ? demande Bourdon. C'est passionnant, mais j'ai trop hâte d'appeler la police, là, donc si tu pouvais accélérer un peu...

– En fait, dit Regine en rougissant. Je n'ai pas de téléphone portable. Je n'en ai jamais eu. Tout le monde n'est pas si moderne, tu sais...

– Mais comment tu as fait pour venir ? Tu as bien été obligée d'appeler Taximaxi ! Maintenant, je comprends : ce bruit qu'on a entendu ce matin avec Chatpardeur, c'était son bateau.

– Frida l'a réservé pour moi, précise Regine. Elle sait que je suis là. Elle a fait exprès de ne pas vous prévenir pour garder la surprise.

– Ah, c'est cool... marmonne Bourdon. Mais ça le serait encore plus si tu avais un portable ! J'aurais crié de joie et jeté mon bonnet en l'air... Au fait, c'est quoi cette robe blanche ?

– Je pensais vous surprendre avec un truc que vous faites en Suède. C'est mon père qui m'en a parlé... La Sainte-Marie ?

– Marie ? répète Bourdon d'un ton perplexe.

– Tu sais, avec la couronne.

Elle comprend enfin.

– La Sainte-LUCIE ! Celle qui apporte la lumière. Elle est censée avoir des bougies dans sa couronne, et offrir à ses hôtes du café et des gâteaux.

– Bien sûr, la Sainte-Lucie, reprend Regine. Ça tombe bien, j'ai une forêt noire !

– Comment tu peux trimballer une forêt dans ton sac ? demande Bourdon, les sourcils froncés.

Regine éclate de rire.

– C'est une spécialité allemande, un gâteau au chocolat et à la cerise, dit-elle. Tu vas voir, c'est délicieux.

– Je veux bien goûter, dit Bourdon poliment. Viens, on va préparer du thé et réfléchir à un plan. On ne peut toujours pas appeler la police, mais au moins, je ne suis plus toute seule !

– Super bonne, cette forêt ! dit Bourdon la bouche pleine, un instant plus tard.

Les copeaux de chocolat fondent délicieusement contre son palais.

– Gardes-en un peu pour les autres ! s'esclaffe Regine.

– Ils n'avaient qu'à être là ! rétorque Bourdon en reprenant une grosse bouchée. Par contre, dès qu'on a fini, je propose qu'on sorte les chercher. Tu n'as pas peur de m'accompagner, hein ?

Regine esquisse un sourire et brandit les poings.

– C'est vrai, j'oubliais que tu es boxeuse professionnelle ! commente Bourdon.

Elle éclate de rire, puis reprend :

– Allez viens, on y va ! Tu nous suis, mon trouillard de chat ?

Chatpardeur s'est glissé sous le banc de la cuisine, comme s'il flairait le danger.

– Courage !

Les deux filles enfilent leurs blousons et sortent de la maison. La nuit est déjà en train de tomber.

Mais à peine ont-elles fait quelques pas que Régine s'arrête, les yeux braqués sur la tour.

– Regarde ! dit-elle en pointant l'index vers un petit trait de lumière au pied du bâtiment. C'est normal que ce soit allumé ?

Ses yeux de lynx ont repéré un fin rayon doré qui s'échappe de la tour, sous un banc en bois appuyé contre la façade. Dès qu'elles sont assez proches, les deux filles constatent que la lumière vient d'une petite trappe ménagée dans le mur.

Bourdon se baisse et l'ouvre en la poussant du bout des doigts.

– Je crois qu'on a trouvé la porte secrète de Chatpardeur, murmure-t-elle. On se demandait comment il faisait pour entrer et sortir dans la tour sans qu'on lui ouvre. Ça arrive souvent, en été. Rusé comme un renard, ce chat !

– Ça ne nous en dit pas plus sur George, fait remarquer Regine. Cette trappe est grande comme un mouchoir de poche, il ne risque pas de se faufiler là-dedans.

– Ah ça, non ! lance une voix dans leur dos.

Chapitre 19
Le récit de George

Bourdon se redresse et se retourne. La silhouette qui se tient devant elle est à peine reconnaissable dans le soir tombant. Mais cette voix ne laisse aucun doute.

– George !

Chatpardeur se précipite vers lui et se frotte contre ses jambes.

– C'est toi, frérot ? demande Regine.

Le garçon semble aussi surpris qu'elle de la voir.

– Regine ? Qu'est-ce que tu fais là ? Comment es-tu arrivée jusqu'ici ? Et tu fais quoi en chemise de nuit ?

Bourdon intervient :

– On en a des choses à se raconter, non ? Qu'est-ce que vous dites de rentrer, de préparer des croques et du chocolat chaud, et de discuter tranquillement de tout ça ?

Les deux autres approuvent avec enthousiasme, et ils prennent le chemin de la maison.

Mais une fois dans la cuisine, George ne dit pas un mot. Il se goinfre sans répondre à la moindre question. Après s'être enfilé quatre croques, il pousse un profond soupir et finit par déclarer :

– C'était délicieux, je mourais de faim ! Je n'avais rien mangé depuis deux jours.

– Allez, George, raconte ! s'exclame Bourdon. Qu'est-ce qui s'est passé ? On t'a cherché partout !

– Tout a commencé quand je suis sorti pour jeter le chandelier en feu dans un tas de neige, répond-il. Je me tenais sur le perron quand j'ai entendu un bruit derrière moi.

Il frissonne.

– C'était quoi ? C'était quoi ? disent en chœur Regine et Bourdon.

– Je me suis retourné et j'ai vu... UN LUTIN ! Enfin, pas un vrai, mais quelqu'un qui portait un masque de lutin. Un adulte, je dirais, parce qu'il était beaucoup plus grand que moi.

George s'arrête un instant, puis ajoute à voix basse, comme s'il parlait tout seul :

– Un masque aux yeux vides et noirs, ça faisait trop trop peur...

Puis il se reprend et poursuit d'un ton plus affirmé :

– Le pire, c'est que ce lutin avait un sac en toile, et avant que j'aie eu le temps de réagir, il me l'a enfilé sur la tête. Ensuite, il m'a attrapé les poignets et me les a ligotés ! Et puis il m'a fait descendre les marches du perron. J'avais beau essayer de crier, personne ne m'entendait. On a fait quelques pas jusqu'à un complice qui attendait un peu plus loin, et qui a dit : « Prends ses habits ! Qu'il ne meure pas de froid, au moins ! » Moi, tout ce que je pensais, c'est que mon heure avait sonné.

Regine et Bourdon écoutent bouche bée le récit de George.

– Même si je n'y voyais rien, j'ai compris qu'ils me faisaient traverser la cour, entrer dans la tour et monter les escaliers. J'étais coincé entre eux deux, il fallait bien que je lève les pieds pour ne pas tomber. En tout cas, on a fini par arriver en haut, dans la pièce vitrée. Il faisait un froid de canard. Ils m'ont poussé sur un matelas et jeté une couverture. Et une voix d'homme m'a dit : « Essaie de dormir un peu ! On espère ne pas avoir à te garder ici trop longtemps... » J'ai demandé un verre d'eau, parce que je commençais à étouffer dans le sac, et puis j'avais envie de voir à qui j'avais affaire. Sauf qu'avant de me donner à boire, ils m'ont bandé les yeux. Et j'avais beau tendre l'oreille, impossible de comprendre leur conversation. Ils chuchotaient.

– C'est toi qu'on a entendu avant-hier, quand on est montés dans la tour ? demande Bourdon. On a cru percevoir un bruit, mais on s'est dit qu'on avait rêvé, tellement c'était minuscule.

– Oui, c'était moi ! Je vous ai entendus aussi, mais je ne pouvais rien faire. Quand vous êtes arrivés, les kidnappeurs, appelons-les comme ça, m'ont collé un gros bout de scotch gris sur la bouche et m'ont dit de la boucler, parce que sinon... Je préfère oublier de quoi ils m'ont menacé... Et puis, ils m'ont ligoté.

George regarde subitement autour de lui et demande :

– Mais au fait, où sont passés les autres ?

Bourdon lui annonce que Julia a disparu, qu'on a retrouvé derrière elle quelques gouttes de sang sur un coussin. Et que la nuit même, Alex s'est volatilisé.

– Mais comment tu as fait pour t'enfuir, George ? reprend Regine.

– Hier, dans la tour, tout était silencieux. J'étais ligoté sur mon matelas et j'avais tellement faim que si un goéland était passé par là, j'aurais pu l'avaler tout cru... Les kidnappeurs étaient partis en me laissant une grande bouteille d'eau, mais pas une miette de pain. Comme j'avais les mains assez libres, j'ai réussi à retirer mon bandage des yeux. Ensuite, j'ai commencé à triturer la corde qui me serrait les poignets et les chevilles. Les nœuds étaient drôlement bien serrés, ça a pris un temps fou. Mais j'ai fini par réussir à me détacher les mains, puis les pieds. Il n'y avait toujours aucun bruit, alors j'ai osé me lever et aller vers la porte. Heureusement qu'elle s'ouvrait de l'intérieur. Ensuite, j'ai dévalé les escaliers et je vous ai retrouvées. Voilà, vous savez tout ! À votre tour de raconter ! Après, on ira à la recherche d'Alex et de Julia, je suis sûr qu'ils sont quelque part dans le coin.

Regine explique à son frère qu'elle est venue sur l'île aux Grèbes pour fêter Noël avec eux.

– Tu as prévenu ta mère que tu étais bien arrivée ? s'alarme-t-il. Elle doit être morte d'inquiétude avec toutes ces disparitions !

Bourdon le regarde d'un air affligé.

– C'est bien ça le problème, dit-elle. À moins qu'un pigeon voyageur n'ait la bonne idée de passer par ici, on ne peut contacter personne.

Chapitre 20
Que de surprises !

– J'ai une idée ! annonce Bourdon.

– On t'écoute, répond George.

– La dernière fois qu'on est allés dans la tour pour vous chercher, on a trouvé des sacs à dos sur les lits. On devrait y retourner pour les fouiller, non ? On pourrait trouver quelques indices sur le Joueur de flûte et sa bande. Tu es sûr de ne pas avoir vu ceux qui t'ont enlevé ?

– Comment veux-tu, avec les yeux bandés ? Mais tu as raison : allons voir, ça pourrait nous aider.

Les trois compères s'emparent de quelques lampes de poche et retournent vers la tour. Un silence de mort règne toujours à l'intérieur, signe que les kidnappeurs n'y sont pas.

Ils ont beau fureter dans tous les coins, le seul sac à dos qu'ils dénichent est un modèle à fleurs avec un grand L brodé sur le rabat.

Bourdon s'empresse de l'ouvrir.

– Regardez ! s'écrie-t-elle en sortant une trousse de toilette et quelques petites culottes. Des affaires de fille ! Ça veut dire qu'au moins un des kidnappeurs est une femme, en fait !

– Ah bon ? s'étonne George. Donc on sait au moins qu'il y a sur cette île un type hyper grand et une dame de taille inconnue, qui s'amusent à enlever les gens.

– Mais où sont-ils passés ? demande Regine. On ne devrait pas partir à la recherche d'Alex et de Julia comme on avait dit ? Il fait nuit terriblement tôt dans ce pays, mais on a des lampes de poche.

– Tu as raison, allons-y ! répond George.

Bourdon appelle Chatpardeur et suit les deux autres. Mais la fatigue et le découragement ne tardent pas à l'envahir, et elle grelotte de froid. Ce doit être la centième fois qu'ils explorent cette île ! Tu parles de vacances de Noël !

Malgré leurs efforts, ils ne trouvent rien. Pas une lumière dans le noir, pas une nouvelle empreinte de pas.

– Rentrons ! déclare George au bout d'un moment. Ça caille, et j'aimerais bien me doucher et manger un vrai repas, au lieu d'une tonne de croque-monsieur. On s'occupera du Joueur de flûte et de sa petite copine demain.

– Sans Alex, je te préviens, c'est fini les bons petits plats, répond Bourdon d'un ton maussade. Je ne suis pas très bonne cuisinière et il n'a commandé que des aliments bizarres : du canard, de drôles de fromages pourris, du cerfeuil, du curcuma et même des épinards de Malabar ! J'ai lu les emballages ce matin, quand je mourais de faim, mais je n'ai aucune idée de ce qu'on peut faire de tout ça. Moi aussi, j'en ai marre des croques !

– Du canard ? répète George avec une mine dégoûtée. Comment ça se mange ? Tu commences par croquer le bec, avant d'attaquer les plumes ?

Regine éclate de rire.

– Tu fais comment avec le poulet ? Les poules aussi ont un bec et des plumes... C'est sûr que si tu imagines que tu es en train d'avaler un oiseau, c'est effrayant. Ou que ton hamburger a été un adorable petit veau au mufle tout doux...

Bourdon fait les yeux ronds.

– C'est exactement ce que je pense, Regine ! Ça te dit qu'on tente notre chance avec les épinards ?

– Qu'est-ce qu'on risque ? lance Regine avec un petit gloussement.

– Aux fourneaux !

Dès qu'ils entrent dans la cuisine, Chatpardeur se couche sur le matelas d'Alex et s'endort aussitôt. Toutes ces aventures ont l'air de l'épuiser. George fait un feu dans la cheminée et bientôt, la pièce se réchauffe. Pendant ce temps, Bourdon et Regine fouillent dans le carton de provisions.

– Voyons voir... dit Bourdon. Des tomates... De l'ail...

– Une très grosse saucisse et un sac de pommes de terre, poursuit Regine.

– Des pommes... Des œufs... Des poivrons et un bocal avec de drôles de petits poissons, continue Bourdon. Tiens, regarde : un fromage à deux étages séparés par un trait gris ! On pourrait en mettre un peu sur la saucisse et faire gratiner le tout au four. Ça devrait être bon, non ? Au moins, ce sera prêt en quelques minutes !

À peine a-t-elle coupé quelques grosses tranches de fromage dont elle recouvre la saucisse que la porte de la cuisine s'ouvre brusquement. Une ombre enveloppée d'un drap surgit dans la pièce et fonce droit sur Bourdon pour lui arracher le plat des mains.

– Pas touche à mon morbiiiiiieeeeer ! rugit une voix qui n'est autre que celle d'Alex.

– Aleeeex ! s'écrient-ils tous en chœur.

Dans un élan d'euphorie, Bourdon ouvre grand les bras. Elle n'ose pas regarder, même du coin de l'œil, sa préparation culinaire. De toute évidence, elle a commis une grave erreur.

– Regine ! s'exclame Alex. Qu'est-ce que tu fais ici ?

– Je suis venue fêter Noël avec vous, répond-elle en riant. Ça devait être une surprise.

– Mais qu'est-ce que tu fais enroulé dans ce drap, Alex ? demande George en agrippant l'étoffe.

– C'est tout ce que j'ai trouvé à me mettre sur le dos ! Il faisait un froid mortel, dans le cellier, et je n'ai pas eu le temps d'enfiler mon manteau quand ils m'ont kidnappé.

Tout le monde s'installe autour de la table.

– Raconte, s'impatiente George, qu'est-ce qui s'est passé ?

– Avec Bourdon, on venait de rentrer après avoir allumé un feu sur le ponton pour attirer l'attention sur nous, commence Alex. J'ai installé mon matelas à l'entrée de la cuisine et on s'est couchés. Bourdon dormait déjà quand j'ai entendu un bruit du côté de la porte de service, comme si quelqu'un essayait d'entrer. Même si on avait fermé à clé, n'importe qui pouvait forcer la serrure avec un clou ou je ne sais quoi. Et il y avait quelqu'un dehors, c'était sûr. J'ai pris la poêle à deux mains, c'est la seule arme que j'aie pu trouver. Puis j'ai entrouvert la porte, mais avant que je puisse me défendre, quelqu'un m'a attrapé et m'a mis un sac sur la tête. C'était un géant, je vous jure ! J'ai hurlé de toutes mes forces, mais

Bourdon dort toujours comme une souche, c'était fichu d'avance. Il m'a pris sur l'épaule et porté comme un sac à patates jusqu'au cellier. Personne ne m'a fait de mal ni rien, j'ai l'impression que le kidnappeur voulait juste m'éloigner de là… En tout cas, le géant a dit qu'il me relâcherait le lendemain et il a verrouillé la porte. J'ai eu beau m'égosiller toute la journée, aucun de vous ne m'a entendu. Je claquais des dents et j'étais tout bleu de froid dans mon pyjama. Heureusement que j'ai trouvé ce vieux drap que Frida a laissé dans le cellier, pour je ne sais quelle raison. Finalement, j'ai réussi à casser le verrou et j'ai couru jusqu'ici. Mais j'ai vu par la fenêtre que Bourdon était en train de bousiller mon morbier ! C'est un fromage précieux au lait de vache avec une couche de cendre au milieu. Hors de question de le gaspiller sur une vulgaire saucisse ! gronde-t-il, les sourcils froncés.

– D'accord d'accord, s'excuse Bourdon en lui posant un plaid sur les épaules. Contente de te revoir ! Il ne manque plus que Julia !

– Mais non ! lance une voix depuis la porte. Je suis là !

Chapitre 21

Les kidnappeurs

Chatpardeur est le premier à réagir. Il bondit de son matelas, atterrit sur les épaules de Julia, puis se frotte contre son visage et son cou en ronronnant comme un petit moteur.

Les autres n'en croient pas leurs yeux.

– Juliaaaaa ? Montre-moi ta blessure ! s'écrie Bourdon en cherchant du regard un bandage ensanglanté.

– Mais je ne suis pas blessée, répond Julia avec un rire. Je suis juste fatiguée et affamée.

Par contre, j'ai percé le mystère !

– Dis vite ! s'écrie Bourdon.

– D'accord. Voilà ce qui s'est passé : pendant que vous êtes allés chercher les fusées de détresse, Alex et Bourdon, je faisais le guet à la fenêtre. J'avais éteint toutes les lumières de la maison pour bien voir à l'extérieur. Subitement, la porte de la tour s'est entrouverte et deux silhouettes ont passé la tête à l'extérieur. J'en avais des frissons partout, j'avoue ! C'était un adulte et un ado, je dirais. En les voyant se lancer à vos trousses, je n'ai d'abord pas su quoi faire. Vous m'aviez ordonné de ne pas sortir, mais je ne pouvais pas les laisser vous attaquer et vous faire du mal. Du coup, j'ai enfilé mon manteau et je vous ai suivis de loin. Je savais que vous alliez vers le vieux phare, contrairement aux malfaiteurs, qui étaient obligés de vous serrer de près. On a marché à la queue leu leu dans la neige jusqu'au phare. Quand vous êtes entrés à l'intérieur, ils se sont cachés quelque part. Moi, je me suis approchée pour mieux pouvoir vous protéger si nécessaire. Au bout d'un certain temps, vous êtes sortis avec le gros carton de fusées. Je n'avais pas prévu que les malfaiteurs allaient débouler de derrière un rocher et se jeter sur moi. « Toi, tu viens avec nous ! » a grondé le plus grand, et ils m'ont traînée dans le phare. Le plus petit, qui était une fille, en fait, me tenait fermement les bras. J'ai crié, je me suis débattue, je crois même que je lui ai mordu la main. Je n'arrêtais pas de penser à vous, je savais que vous paniqueriez en voyant que j'avais disparu ! En vrai, c'était bête. À deux, ils étaient beaucoup plus forts que moi. Ils auraient pu m'assommer avec le premier objet venu et me jeter à la mer, personne n'aurait jamais rien su... Heureusement que ça ne s'est pas terminé comme ça. Le type a essayé de me calmer, il faisait « Là, là, on ne te veut aucun mal », et la fille m'a préparé un thé. J'ai fini par arrêter de lutter et je suis restée là, à pleurnicher. J'étais sous le choc, vous comprenez. Ensuite, ils ont commencé à me poser des questions, du genre mon nom et tout. Le type s'appelle Mattias, m'a-t-il dit.

– Ah ! fait George. D'où l'inscription qu'on a découverte sur la tour !

– Exactement ! Il avait commencé à graver son nom avec une clé pour tuer le temps, mais en se rendant compte que c'était idiot, il s'est arrêté en plein milieu.

– Qu'est-ce qu'ils faisaient dans le phare ? demande Bourdon.

– Minute, j'y arrive ! D'après ce que j'ai compris, ils vivent sur l'île depuis trois jours. La première nuit, ils ont dormi dans la tour, juste à côté de la maison. Quand on a débarqué et qu'on les a dérangés, ils ont pris leurs sacs de couchage et ils se sont installés dans le phare.

– Mais qu'est-ce qu'ils font sur l'île aux Grèbes ? insiste Alex. Et c'est qui, d'abord ?

– Je pensais que c'était évident ! réplique Julia. Ce sont eux, les kidnappeurs !

– Tu plaisan.... commence Bourdon.

– Ils se sont autokidnappés ! l'interrompt sa sœur. Vous savez, ces quatre jeunes qui ont disparu : Mattias, Jenny, Patrick et Lisa. Mattias a dix-sept ans, il est super grand, au moins autant qu'un adulte. Patrick en a douze et il est rentré chez lui, comme Jenny, qui en a quatorze. C'est devant chez elle que Karl Crayon faisait le guet, vous vous souvenez ? Donc il ne reste plus que Mattias et une fille de seize ans qui s'appelle Lisa.

– C'est son sac à dos qu'on a trouvé dans la tour, en déduit George. Celui avec un grand L brodé à la main !

– Mais... mais... bafouille Bourdon. Et le sang que j'ai trouvé sur le coussin ? J'ai eu hyper peur, je croyais que tu t'étais blessée ! Qu'est-ce qui s'est passé ?

Julia observe sa petite sœur un instant, puis répond :

– Viens là, Bourdon, je vais te raconter un secret.

Elle l'emmène dans la chambre et lui murmure à toute vitesse :

– Quand on est une fille et qu'on a treize ans comme moi, on a un truc qui s'appelle « les règles ». C'est juste un peu de sang qui revient tous les mois, rien de grave. Si tu veux en savoir plus, tu n'as qu'à demander à maman, je n'ai pas envie d'en discuter devant les cousins...

– On est au courant ! lance la voix de George depuis la cuisine. Tout le monde apprend ça à l'école, tu n'as pas besoin de nous en parler.

– Moi aussi, je savais ! assure Bourdon. Je n'y avais juste pas pensé !

– Reste à savoir POURQUOI ils se sont autokidnappés ! intervient soudain Regine. Et pourquoi est-ce qu'ils s'en sont pris à vous ?

– Regine ? s'exclame Julia. Qu'est-ce que tu fais là ?

– Je t'expliquerai tout à l'heure... Tu ne leur as pas demandé la raison de tout ça ?

– Non... bredouille-t-elle. Mais on ne va pas tarder à le savoir. Ils m'ont promis de passer pour tout nous expliquer. Je crois même les entendre qui arrivent, non ?

La porte de la cuisine s'ouvre, et un grand échalas entre dans la pièce, suivi d'une fille avec un sac à dos à fleurs.

Bourdon croise les bras et les fusille du regard.

– Alors ? dit-elle.

Chapitre 22
Le musli à l'eau

– Sois gentille ! ordonne Julia à sa sœur.

– Ça vous dit, un peu de quiche ? intervient Alex. Il nous en reste un peu de l'autre jour.

Les deux visiteurs dévorent des yeux la tarte aux lardons et à l'œuf battu, couverte de fromage doré.

– Oh oui… répond Mattias d'une voix rauque. Ça fait des jours qu'on ne mange que du musli… Avec de l'eau…

– Ce plan était mal préparé, lance Lisa avec un regard noir à son ami. On n'avait rien à manger. Les céréales, on les a trouvées dans votre cellier.

– En tout cas, reprend Mattias, je vous assure que le musli à l'eau, c'est dégueu. Au cas où vous en douteriez.

Les cousins éclatent de rire et l'ambiance se réchauffe aussitôt.

George prend pourtant un air sévère.

– Bon, qui commence ? demande-t-il. Toi, par exemple ? ajoute-t-il, l'index pointé vers Mattias qui a déjà englouti une part de quiche.

Celui-ci jette un coup d'œil suppliant à Lisa, qui secoue vigoureusement la tête.

– On t'écoute ! déclare-t-elle. C'était ton idée !

– Bien sûr que non ! se défend-il. C'était l'idée de Patrick !

– Quoi ? fait Julia, interloquée. Toute cette histoire de kidnapping est sortie de la tête d'un gamin de douze ans qui s'est dépêché de retourner chez papa-maman ?

Mattias opine piteusement du chef.

– Je n'ai pas l'impression que tu sois prêt à parler, grommelle Lisa. Je m'en occupe. Pour commencer, je dois préciser que Mattias, Jenny, Patrick et moi, on fait partie de l'orchestre des jeunes d'Östhamn.

– Mais oui, c'est ce qu'on a entendu à la radio ! dit Bourdon. Continue !

– Tous les quatre, on est fans d'Alika Pärsson, vous savez, celle qui chante avec Les Chaussettes de l'Archiduchesse, poursuit Lisa.

– Ce groupe est génial ! s'exclame Bourdon. Je les adore aussi, surtout quand il y a des trompettes !

– On a économisé tout l'automne pour pouvoir aller le voir en concert. Ils font une tournée à travers le pays, on avait tellement envie de les voir à Stockholm ! C'est là-bas qu'ils jouent demain. Mais entre les tickets, les billets de train et la nuit d'hôtel, ce n'est pas gratuit, même en dormant à l'auberge de jeunesse. D'où l'idée de mimer un enlèvement et de demander une rançon ! On se disait que nos parents verseraient forcément un peu d'argent aux ravisseurs. Pas des montagnes d'or, juste ce qu'ils pourraient.

– Ça n'aurait pas été plus simple de leur demander des sous, au lieu d'organiser un kidnapping qui a alerté toute la police de la région ?

– Non, c'est bien ça le problème ! répond

Lisa. Nos parents détestent Alika Pärsson et Les Chaussettes de l'Archiduchesse. Les miens disent qu'ils préfèrent encore le vacarme d'un atelier de carrosserie. La mère de Jenny voudrait qu'elle passe son temps à s'exercer pour devenir une star du violon et passer à la télé, mais certainement pas jouer de la basse et écouter de la pop. Les parents de Patrick n'ont pas l'air d'avoir compris qu'il avait douze ans et qu'il ne chantait plus *Au clair de la lune*. Et puis, ils trouvent qu'il est trop jeune pour prendre le train tout seul.

– Et toi, Mattias ? demande George.

– Moi, je fais ce que je veux ! affirme-t-il. Le problème, c'est que je n'ai pas de travail et que je suis fauché, donc l'idée m'a tout de suite séduit. J'adooooore Les Chaussettes de l'Archiduchesse. Comme j'ai hérité d'un vieux bateau à moteur, on s'est rendus sur l'île le soir même. On avait pris des sacs de couchage et on s'est installés dans la tour. On ne pouvait pas savoir que vous alliez débarquer et tout compliquer !

– Et les cailloux, là, avec le message du Joueur de flûte ?

– C'était pour embrouiller la police, explique

Lisa. Leur faire croire qu'on avait été kidnappés par une bande de criminels. Et ça a marché ! On a tellement ri quand on a entendu notre histoire à la radio. Les parents de Jenny et de Patrick se sont dépêchés de débourser, tellement ils étaient inquiets. On en a profité pour les faire rentrer tous les deux chez eux et brouiller encore un peu plus les pistes.

– Et comment ils vous ont versé l'argent ? s'enquiert George.

– On leur a envoyé des lettres de menaces pour leur réclamer mille couronnes chacun, en soulignant bien que s'ils caftaient à la police, il arriverait malheur à leurs enfants, répond Mattias. C'est pour ça que la mère de Jenny a inventé une histoire de courrier envoyé par sa sœur. Elle avait peur que les ravisseurs fassent du mal à sa fille. Moi, c'est différent, j'ai gagné quelques centaines de couronnes grâce à des tickets à gratter, donc si les parents de Lisa crachent les sous, on pourrait y aller ! Sauf que le temps presse, parce que le concert est demain. D'ailleurs, viens, Lisa, on y va !

– Pas si vite ! lance Alex, les sourcils froncés.

On ne sait toujours pas pourquoi vous nous avez impliqués dans cette histoire, moi et mes cousins. Qu'est-ce qu'on a fait pour mériter ça ?

– Ce n'était pas prévu ! dit Lisa. Quand on vous a vus arriver dans le bateau de Taximaxi, on n'en revenait pas. On ne pensait pas que vous pourriez loger là en plein hiver, on croyait que l'île serait déserte. En théorie, c'était une cachette parfaite en attendant la rançon. Mais comme vous avez commencé à fourrer votre nez dans nos affaires, on était bien forcés de réagir...

– L'idée, c'était de ne pas vous avoir dans les pattes jusqu'à ce qu'on s'en aille, confesse Mattias.

– Ça ne se fait pas ! s'indigne Bourdon. Ici, c'est chez nous ! Séquestrer ma sœur et mes cousins comme ça... Et nous voler notre nourriture... Bon d'accord, du musli, mais quand même ! Vous avez pensé une seconde à vos pauvres parents et à la police qui travaille pour rien pendant ce temps-là ?

– Tu as raison, admet Lisa. Ce n'était pas une idée brillante... Comment on peut se rattraper ? Il n'y a plus que mes parents qui se fassent du souci, je vais bientôt les appeler.

– Je sais ! s'écrie Julia, frappée d'un éclair de génie. Prêtez-nous votre chargeur. Nos portables sont morts, et on aimerait bien pouvoir s'en servir.

– Bien sûr ! répondent Mattias et Lisa en même temps.

– Vous avez de la chance d'échapper à la prison ! gronde George. Normalement, c'est ce qui attend les kidnappeurs, je vous signale ! Patrick et Jenny s'en seraient sortis parce qu'ils ont moins de quinze ans, mais vous deux... Aïe aïe aïe !

– Si vous finissez derrière les barreaux, ajoute Bourdon avec un rire, je promets de vous apporter du musli !

Chapitre 23
Le fantôme de la cave

Le lendemain, les cousins suivent les deux adolescents jusqu'au vieux phare où Mattias a caché son bateau.

– Alors, cap sur Stockholm ? demande Julia.

– Non, on laisse tomber, soupire Lisa. Ce ne serait pas chouette de s'offrir le voyage avec une rançon. Et puis, Patrick et Jenny ne pourront jamais nous accompagner quand leurs parents auront appris ce qui s'est passé.

– Il faut qu'on rende l'argent au plus vite et

expliquer à la police qu'on a organisé nous-mêmes le kidnapping, ajoute Mattias. Ça va être gênant, mais on a hâte que toute cette histoire soit terminée.

– Une fois qu'on aura avoué, je serai contente de rentrer à la maison et de préparer Noël en famille, finalement, au lieu d'aller au concert, affirme Lisa.

– Et toi, Mattias, qu'est-ce que tu vas faire ?

Le garçon ne répond pas tout de suite.

– C'est bien pour ça que l'idée de Patrick me plaisait, commence-t-il avec hésitation. Au moins, je me serais un peu amusé pendant les fêtes. Parce que je n'ai pas vraiment de famille, vous voyez. Mes parents ont divorcé il y a dix ans. Mon père s'est installé à l'étranger, et ma mère s'est mise avec un vieux croûton qui me déteste. J'aurais bien fini par aller chez eux et essayer de supporter ses critiques permanentes. C'était ça ou passer Noël seul dans ma baraque glacée.

– Mais tu n'as personne d'autre ? demande Julia.

– Si, un vieil oncle. Un collectionneur un peu toqué qui passe ses journées et ses nuits à trier des timbres. Les seules fois où il t'adresse la parole, c'est quand il te hurle de fermer la porte ou la fenêtre que tu as osé ouvrir, parce qu'il a peur que ses timbres s'envolent. Ça ne me dit vraiment rien d'aller chez lui. Et lui ne veut pas de moi non plus, d'ailleurs...

Les quatre cousins et Regine échangent des regards. De toute évidence, ils pensent à la même chose. Au bout d'un moment, Julia prend la parole :

– Tu devrais fêter Noël avec nous, Mattias. On n'aura qu'à dire que tu es un parent, vu que les nôtres sont tous partis à l'autre bout du monde ! À croire qu'ils se fichent de nous. Qu'est-ce que tu en penses ?

Mattias les observe avec les yeux ronds.

– Chez vous ? Après ce que je vous ai fait ? Je vous ai effrayés exprès, je vous ai ligotés, séquestrés et tout... C'est une blague, ou quoi ?

Les quatre cousins font joyeusement signe que non.

– Miiiaou, confirme Chatpardeur.

– Dis oui ! s'écrie George. Ce sera cool ! On va préparer un bon repas de Noël à la française, faire des jeux et des devinettes. Sauf si tu trouves qu'on est trop petits pour que tu traînes avec nous...

– Trop petits ? s'exclame Mattias avec un sourire. Je serais prêt à passer Noël avec des bébés de trois ans, pourvu que j'échappe à ma famille ou que je ne reste pas moisir tout seul dans une cabane. Évidemment que j'accepte, merci ! Je dois juste reconduire Lisa à Östhamn et faire deux-trois courses.

– Tu peux nous prendre des bonbons ? s'empresse de demander Bourdon. Je crains qu'Alex et Frida n'en aient pas acheté assez...

– Bien sûr ! À demain, alors !

Mattias et Lisa sautent à bord du bateau. Ils fendent prudemment les eaux gelées qui bordent le rivage, puis s'éloignent vers le large. Les cousins leur adressent longuement des signes d'adieu, avant de retourner dans la maison.

– Bon, il faut qu'on s'active ! déclare Alex. Le 24, c'est demain. Mettons-nous au travail, si on veut un vrai beau réveillon.

– Tu ne comptes pas nous forcer à faire le ménage, j'espère ! répond d'un ton rageur Bourdon qui n'apprécie pas de devoir ranger sa chambre, passer l'aspirateur, jeter les poubelles et tout le tralala avant chaque fête de famille.

Alex la rassure en riant :

– Bien sûr que non ! Même si c'est le bazar chez Frida, on pourra toujours creuser une galerie pour passer d'une pièce à l'autre. Je pensais à d'autres sortes de préparatifs. Bourdon et moi, on s'occupe du repas. George, je propose que tu t'occupes des cadeaux. Mais d'abord, il faut qu'on décore le sapin. Ça vous va ?

– D'accord ! s'exclament-ils tous en chœur.

George part pour le phare avec la vieille luge. Il la charge de deux gros sacs de cadeaux et revient en tirant tant bien que mal la cargaison.

Le sapin que Julia et George ont coupé quelques jours plus tôt trouve sa place au milieu de la pièce principale, dans un pied démodé. C'est à qui le décorera le mieux ! Le carton que Frida leur a laissé déborde de boules et de guirlandes, de drapeaux et de cheveux d'ange, d'étoiles et de lutins, mais aussi de bricoles en tout genre. Visiblement, leur tante utilise cette boîte comme vide-poche. Bourdon accroche dans les branches tout ce qui lui tombe sous la main : une barrette en forme d'araignée, une vieille jarretelle, un coupe-ongles, un billet de banque étranger, un hameçon... À chaque babiole qu'elle ajoute, l'arbre de Noël lui semble un peu plus beau. Pendant ce temps, Alex dispose les sucres d'orge et les caramels, chassant de temps en temps d'une petite tape la main gourmande de Bourdon. Bientôt, le sapin disparaît sous son costume d'apparat.

Pour finir, Regine branche la guirlande électrique et les petites lumières se mettent à scintiller.

Peu après, un beau feu crépite dans la cheminée. C'est Julia qui s'est chargée de l'allumer. Tandis qu'elle sort chercher quelques bûches, escortée par Chatpardeur, Bourdon va au cellier.

Tout à coup, un cri glaçant retentit. Bourdon rentre à toutes jambes, une boîte d'œufs dégoulinante entre les mains.

– Au secoooooouuuurs ! hurle-t-elle. Je croyais qu'on n'avait plus rien à craindre, mais je suis tombée nez à nez avec un fantôme ! Un horrible fantôme qui brille dans le noir ! Là-bas, dans le cellier !

Alex se précipite sur le perron de la cuisine et reste pétrifié devant un spectacle inimaginable :

près de la barrière se dresse un énorme gorille poilu, à la gueule effroyable. Le monstre le fixe un long moment, puis tourne les talons et se met à courir lourdement vers le champ.

À l'instant où le gorille disparaît, Julia et Chatpardeur surgissent du même endroit en poussant des cris.

– Un squelette ! hurle Julia. Il y a un crâne et des mains qui dépassent d'un buisson !

– Maaaahiiii ! confirme le chat.

Mais juste derrière apparaît George avec sa luge qui croule sous les paquets. Il s'immobilise, place ses mains en porte-voix et lance :

– Maman ! Arrête tes bêtises ! Tout le monde t'a vue ! Sors de là !

– Maman ? fait Julia, interloquée.

Le gorille retire son masque, et une femme déguisée sort des fourrés en riant. D'une main, elle tient un crâne et de l'autre, un bras de squelette qu'elle tend à Regine pour se présenter.

– Bonjour, bonjour ! Toi, je ne t'ai jamais rencontrée, je crois. Je m'appelle Molly, je suis la mère de George.

Chapitre 24
Oh oh oh ! Joyeux Noël !

– Et ta tournée du Grand Nord, maman ? demande George. Tu ne devais pas passer le réveillon à Luleå ?

Les cousins, Regine et Molly, serrés autour de la petite table de cuisine, dégustent une soupe fumante poireaux-pommes de terre qu'Alex vient de mitonner, accompagnée de tartines grillées au fromage. Dire qu'un instant plus tôt, Bourdon affirmait détester les poireaux…

– L'acteur principal est tombé malade, alors on a dû annuler les dates, répond Molly. Et puis, tu me manquais tellement que j'ai sauté dans le premier train pour te voir. Le bus pour Östhamn était complet, mais j'ai fait du stop pour venir jusqu'ici. Les gens sont bienveillants pendant les fêtes. Le problème, c'est que j'ai oublié ma valise dans une des voitures et que je n'ai que mes costumes à me mettre. Cela dit, ces déguisements de gorille et de fantôme sont doublés et drôlement chauds ! On avait prévu de jouer en plein air, malgré les températures polaires. Les bouts de squelette, par contre, ne risquent pas de me servir à grand-chose...

– Nous voilà sept, alors qu'on avait prévu de fêter Noël à quatre, observe Bourdon, l'air anxieuse. On aura assez de provisions ?

– Ne t'inquiète pas, je sais faire à manger à partir de trois fois rien ! assure gaiement Alex. On a de quoi survivre, à moins que Frida revienne d'Islande à la dernière minute, que tes parents débarquent d'Inde et les miens de France sans prévenir. Le seul risque, c'est que tu maigrisses un chouïa pendant les vacances, ajoute-t-il en adressant un sourire à sa boulotte de petite cousine.

– Maigrir ? s'indigne Bourdon. Hors de question ! C'est pas ma faute, si je suis potelée ! Moi, je ne t'embête pas, même si tu commences à ressembler à un lampadaire tellement tu es rachitique !

– Chuuut, fait Julia en allumant la radio. J'aimerais savoir si la police est au courant qu'ils peuvent arrêter les recherches. Mattias était censé aller les voir directement pour tout leur expliquer.

La voix du journaliste grésille dans le petit poste de radio.

« Retournement sensationnel dans l'affaire des kidnappings d'Östhamn ! Un jeune homme s'est présenté aujourd'hui au poste de police improvisé dans la petite ville, où le préfet de police Håård a installé son QG avec dix policiers de la région mobilisés pour l'enquête. L'individu, manifestement déboussolé, a affirmé que cette affaire n'était qu'une mauvaise plaisanterie ! Trois des enfants disparus sont de retour chez leurs parents et le quatrième ne serait autre que lui-même. Dans quelques instants, monsieur le préfet sera à l'antenne. Nous allons peut-être enfin savoir qui se cache derrière ce mystérieux Joueur de flûte ! En attendant, voici le dernier tube des Chaussettes de l'Archiduchesse ! »

Bourdon ordonne aux autres de se taire et se met à danser joyeusement. Mais les blablas ne tardent pas à reprendre :

« Bienvenue au studio, monsieur le préfet. Que pouvez-vous nous dire des dernières avancées de l'enquête ?

« – Un témoin s'est rendu aujourd'hui aux forces de l'ordre, déclare-t-il d'un ton militaire. L'individu prétend que cette affaire sur laquelle nous travaillons depuis des jours n'était en fait qu'une ruse, mise en scène par les victimes elles-mêmes. Des inepties, autrement dit !

« – Pourquoi ça ?

« – L'idée serait venue du plus jeune de la bande ! Un gamin de douze ans ! ricane le préfet. Nous avons aussitôt envoyé ce suspect chez le médecin pour un examen cérébral ! Ha ha ha ! »

Ses rires sont aussi cinglants qu'une mitrailleuse.

« Un enfant de douze ans ? Vous pensez qu'il serait fou ?

« – Pas lui, mais ce soi-disant témoin ! Le petit Patrick est de retour chez ses parents, de même que les deux filles qui avaient disparu. Quoi qu'il en soit, nous continuons les recherches !

« – Expliquez-moi... Si ces enfants sont sains et saufs et assurent avoir mis en scène toute cette histoire, que recherchez-vous ? »

Le préfet se tait un instant, avant de répondre d'une voix qui cache à peine sa colère :

« Le criminel qui court sous le nom de "Joueur de flûte", naturellement ! Vous ne lisez pas les journaux ? On ne parle que de ça depuis des jours !

« – Mais qu'espérez-vous, maintenant que les victimes ont toutes réapparu ? »

Le préfet réfléchit quelques secondes, puis reprend d'un ton encore plus furieux :

« Il... il pourrait frapper de nouveau ! On aurait alors de nouvelles pistes à explorer. Bon, je n'ai pas davantage de temps à perdre avec la presse. L'enquête doit continuer ! Mes hommages ! »

Le martèlement de ses talons résonne dans le studio. Le journaliste s'empresse de déclarer :

« Les informations reviennent dans une petite minute, juste après l'une des chansons les plus populaires de la merveilleuse Alika Pärsson ! »

Bourdon se remet à danser autour de la table, pendant que les autres dévorent à pleines dents une tarte aux fruits et aux noix, l'un des treize desserts de Noël qu'Alex leur avait promis. Alors que les dernières notes retentissent, l'émission reprend et Julia augmente le volume :

« Bienvenue à ceux qui nous rejoignent. Nouveau rebondissement dans l'affaire des kidnappings ! Nous avons réussi à joindre le médecin qui a ausculté le témoin. Rappelons que d'après ce dernier, toute cette histoire ne serait en fait qu'une supercherie imaginée par quatre enfants de l'orchestre des jeunes d'Östhamn. Voici l'analyse du praticien. »

Une voix d'homme, aimable et guillerette, explique que le jeune Mattias lui a semblé en parfaite santé, pas plus fou que la moyenne, et qu'il a été relâché et libéré de tout soupçon. Il n'y avait aucune raison de mettre en doute ses déclarations.

« En revanche, j'ausculterais volontiers monsieur le préfet, ajoute le médecin d'un ton moqueur. Puisqu'il s'obstine à vouloir enquêter sur une affaire résolue ! »

Des cris de joie retentissent dans la petite cuisine.

Julia éteint la radio et déclare :

– Allez, au lit !

– Mais où est-ce qu'on va tous dormir ? demande Alex. Maintenant qu'on est sept !

– On va se débrouiller, répond George. Maman et moi, on peut s'installer dans la tour avec des tas de couvertures. De toute façon, dans ton costume de gorille, tu ne risques pas de mourir de froid, pas vrai maman ? Comme ça, je laisse mon matelas à Regine, pour qu'elle puisse dormir avec Julia et Bourdon. Toi, Alex, tu restes dans la cuisine pour nous préparer un fabuleux petit-déjeuner de Noël !

Mais soudain, on frappe à la porte. Bourdon jette un œil prudent à l'extérieur.

– C'est le père Noël ! murmure-t-elle, d'une voix à la fois euphorique et inquiète. Je vois son bonnet, sa barbe et même sa hotte !

Sans l'ombre d'une hésitation, Julia sort sur le perron et tire vigoureusement la barbiche de leur visiteur.

– Bienvenue ! s'exclame-t-elle, déclenchant la jubilation de ses cousins, de sa tante et de sa sœur.

Chapitre 25
Devinettes et bague au doigt

Quel merveilleux Noël !

Dès le soir du 23 décembre, l'ambiance est à son comble. La cuisine baigne dans de délicieux parfums d'épices et de mets qui mijotent sur le feu ou dans le four. Ni jambon ni côtes de porc : Alex a relevé le défi de préparer un festin qui ne suppose la mort d'aucun animal. Il a inventé de somptueux plats végétariens aux noms français que personne n'arrive à retenir. Bourdon a appris toutes les recettes par cœur.

Julia et Regine sont allées chercher des branches de sapin, dont elles ont décoré toute la maison avec des mètres de ruban de soie rouge rapporté par Mattias, qui est revenu le jour même sur l'île. Évidemment, c'est lui qui les a effrayés un court instant, déguisé en père Noël. Sa hotte était remplie de bonbons offerts par un ami qui tenait une confiserie à Östhamn, mais qui a fermé boutique pour devenir musicien.

Molly, la mère de George, a planté sa tête de mort lumineuse au sommet du sapin pour lui donner encore un peu plus de style. Regine a mitraillé la scène avec son petit appareil photo. Quelques semaines plus tard, le cliché d'un gorille décorant un sapin de Noël avec des bouts de squelettes lui vaudra de remporter un concours d'art en Allemagne. Car les artistes aiment souvent les choses farfelues : d'après eux, tout ce qui est inexplicable rend la vie plus intéressante !

Enfin, George et sa mère ont préparé des devinettes auxquelles ils joueraient le lendemain, au pied du sapin.

Le matin du réveillon, de lourds flocons tombent sur l'île aux Grèbes. Regine réveille tout le monde en jouant *Douce nuit, sainte nuit* à l'harmonica.

Les cousins et leurs hôtes s'installent au coin du feu pour déguster le traditionnel riz au lait du petit-déjeuner de Noël. C'est Molly qui a la chance de trouver une amande dans son bol, signe qu'elle se mariera l'an prochain.

– Je serais tellement heureuse de me marier ! s'exclame-t-elle en riant. Personne ne m'a jamais passé la bague au doigt ! À condition que tu veuilles bien d'un nouveau papa, mon petit George...

Malgré l'air sceptique de son fils, elle continue :

– Tu as peut-être une idée de l'homme que je pourrais épouser, et tu pourrais même m'aider à choisir ! On s'y met dès la rentrée !

Les brioches au safran que Bourdon a préparées la veille ont une drôle de forme, mais tout le monde les trouve délicieuses ! Pour finir, Alex leur propose une raclette au feu de bois, accompagnée de confit d'oignons et de cornichons. Il place des tranches de fromage sur un plat qu'il tient près de la cheminée pour les faire fondre. Pour le petit-déjeuner, c'est peut-être curieux, mais délicieux ! Chatpardeur, en particulier, a l'air d'en raffoler. Il attrape d'un coup de griffe la moindre miette qui tombe par terre et la dévore. Pour lécher le plat, l'animal doit se battre avec Mattias, qui se révèle aussi un grand amateur de raclette. En remerciement, le garçon s'occupe de toute la vaisselle.

Puis, on s'installe dans le salon, en se répartissant entre le lit, le canapé et la peau de mouton. C'est l'heure des devinettes !

Molly explique les règles : le but est de faire deviner une expression par des gestes, sans prononcer un mot. Avec George, ils ont choisi le thème des proverbes. Pour Alex et Regine qui ne vivent pas en Suède, le défi est plus difficile, mais plus on se trompe, plus c'est drôle. Molly distribue des morceaux de papier soigneusement pliés, avec les expressions à mimer.

Bourdon tombe sur : Qui trop embrasse mal étreint, ce qui signifie qu'on ne réussit rien si on entreprend trop de choses à la fois. Elle parcourt la pièce en faisant des bisous aux meubles et à ses cousins. Personne ne comprend rien, mais tout le monde rit aux éclats.

George a bien du mal avec le proverbe : Il ne faut pas vendre la peau de l'ours avant de l'avoir tué. Il a beau pousser des grognements, personne ne trouve la réponse.

– L'important, ce n'est pas de gagner, mais de participer, lui lance Mattias pour le consoler.

Julia s'efforce de mimer : Après la pluie, le beau temps, mais Bourdon n'a qu'en tête « Vive le vent, vive le vent, vive le vent d'hiver ».

Le grand vainqueur est Alex, avec l'expression : Trop de cuisiniers gâtent la sauce. Il joue à merveille le chef qui goûte une sauce exquise, puis qui essaie de faire barrage aux autres qui ne font que tout gâcher.

Les cousins s'amusent tellement qu'ils en oublient les cadeaux, jusqu'à ce que George aille chercher les sacs bourrés de paquets de toutes les couleurs.

Julia découvre l'ordinateur dont elle rêvait tant, et Bourdon, un bon d'achat pour une trompette. George, un vrai pinceau en poil de martre, Regine, l'ancien téléphone portable de Frida, et Alex, une pile de beaux livres de cuisine. Il y a tant de paquets qu'ils mettent des heures à les ouvrir tous. Pendant ce temps, Molly, assise au coin du feu dans son costume de gorille, brûle au fur et à mesure le papier déchiré. Chacun a trouvé un petit quelque chose à offrir à Mattias, mais c'est lui qui réserve aux cousins la plus belle des surprises.

Une fois que tous les paquets ont été ouverts, il se lève et demande le silence. Il allume sa tablette numérique, qui se met à jouer une mélodie célèbre.

– Les Chaussettes de l'Archiduchesse ! s'exclame Bourdon. Tu nous as acheté leur album ?

– Mieux que ça ! réplique Mattias. Regardez l'écran ! C'est un ami qui m'a envoyé la vidéo, celui qui tenait la confiserie. Il va travailler pour eux, maintenant.

Tout le monde fixe la tablette. Les membres du groupe leur adressent des signes, puis Alika Pärsson avance d'un pas et s'écrie :

– Spéciale dédicace aux cousins Karlsson et à leurs amis ! On vous invite tous à notre prochain concert, qui sera suivi d'une petite fête ! N'oubliez pas de prévenir Patrick, Jenny et Lisa ! Et maintenant, on va jouer notre dernière chanson rien que pour vous ! JOYEUX NOËL !

Dès que la chanteuse et son groupe entonnent les premières notes, tout le monde se trémousse dans la petite maison, et Chatpardeur hurle comme un loup. Dans son excitation, Alex tombe à la renverse et se rattrape à la nappe. Il se retrouve les quatre fers en l'air, avec du soda plein les cheveux, une pomme dans la bouche et une jacinthe derrière l'oreille ! Alors que les autres s'esclaffent, Bourdon s'approche pour lui essuyer la tête et l'aider à se relever.

– Tu es un proverbe vivant, Bourdon ! se moque George. L'amour est aveugle !

Sa petite cousine rit en chœur avec les autres, mais dans un coin de sa tête, elle trouve sa réplique : Au royaume des aveugles, les borgnes sont rois, tu veux dire !

Table des matières